LA
VIE INCONSCIENTE

ET

LES MOUVEMENTS

PAR

TH. RIBOT

Membre de l'Institut
Professeur honoraire au Collège de France.

———————◆⋈◆———————

PARIS
LIBRAIRIE FÉLIX ALCAN
108, BOULEVARD SAINT-GERMAIN, 108
—
1914

LA

VIE INCONSCIENTE

ET

LES MOUVEMENTS

PRÉFACE

Jusqu'en ces derniers temps, l'étude des mouvements et de leur rôle dans la vie de l'esprit, sans être complètement oubliée, n'était guère en faveur. Les psychologues s'occupaient avec une préférence marquée des phénomènes intellectuels ou des états affectifs.

Il y a plus de trente ans, dans un article sur « Le rôle et l'importance des mouvements en psychologie »[1], j'avais essayé de signaler cette lacune. Mes remarques, sur ce sujet, me semblent aujourd'hui bien timides et bien insuffisantes. Beaucoup a été fait depuis dans cette direction.

Plusieurs fois je me suis demandé s'il n'y

1. *Revue Philosophique*, octobre 1879.

TH. RIBOT. — Vie inconsciente.   *a*

aurait pas lieu d'écrire un livre qui, sous le titre de « Psychologie des mouvements, » étudierait isolément et exclusivement les éléments de nature motrice dans toutes les manifestations de la conscience. Tous les traités didactiques de psychologie consacrent des chapitres aux instincts, aux tendances, à l'activité volontaire, aux mouvements qui expriment les émotions : dans notre livre supposé, on ferait davantage. On aurait à étudier les mouvements dans les perceptions, les images, les concepts, les opérations logiques, dans la genèse des sentiments, dans les formes multiples de la « facultas signatrix », car le mouvement est dans tout, partout, et peut être la base de tout.

Ce serait une œuvre de longue haleine, et les *Essais* qui suivent ne visent pas si haut. Ils se concentrent sur une question unique : les rapports de l'activité inconsciente avec les mouvements.

En m'appuyant sur des faits et des raisons, j'ai proposé une hypothèse qui me paraît ressortir des explorations dues à des auteurs

nombreux et bien connus, dans le monde
souterrain de l'esprit, notamment aux études
récentes désignées depuis Freud sous le nom
de « Psycho-analyse ». Cette hypothèse, c'est
que le fond, la nature intime de l'inconscient
ne doivent pas être déduits de la conscience
— qui ne peut l'expliquer —, qu'ils doivent
être cherchés dans l'activité motrice, actuelle
ou conservée à l'état latent.

TH. RIBOT.

LA VIE INCONSCIENTE

ET

LES MOUVEMENTS

CHAPITRE PREMIER

LE ROLE LATENT DES IMAGES MOTRICES

I

Le but de cet Essai n'est pas une étude complète des représentations motrices. Même réduite à l'essentiel, elle serait très longue, car l'activité motrice pénétre la psychologie tout entière. De plus, comme elle a été faite partiellement ou en totalité par des auteurs très compétents, elle serait assez superflue. Notre unique but est d'appeler l'attention sur le rôle prépondérant des éléments moteurs dans l'activité inconsciente de l'esprit, et nos remarques préliminaires n'auront d'autre fin que d'y préparer.

« Nul ne contestera, écrit un auteur récent, que le progrès le plus important dans la psychologie théorique, durant ces dernières années, est la valeur toujours croissante attribuée au mouvement dans l'explication des processus mentaux. Ce développement a été remarquable surtout en Amérique. Dans ce pays, l'explication en termes de mouvement a été poussée [1] systématiquement et jusqu'à l'extrême. »

Tout d'abord, le mouvement s'impose à l'observateur par deux caractères fondamentaux : primordialité, généralité.

En venant au monde, le nouveau-né est muni d'aptitudes motrices qui entrent d'elles-mêmes en exercice : mouvements automatiques (de la respiration, de la digestion, etc.), mouvements réflexes (sucer, crier, etc.), mouvements instinctifs. Il est une machine qui produit des mouvements, mais leur apparition est *primaire*. Comme ils dépendent des centres inférieurs de l'encé-

---

1. Pillsbury, *On the Place of movement in consciousness* (1910). L'opinion de l'auteur est que les prétentions de ces psychologues sont souvent excessives.

phale, ils sont vides de conscience ou tout au moins de connaissance[1]. Plus tard, avec le développement des centres supérieurs de l'écorce corticale, l'organisation du système moteur sera achevée.

Mais un fait plus important pour la psychologie et pour notre sujet en particulier, c'est la diffusion ou généralisation des mouvements. W. James[2] n'hésite pas à écrire : « Si l'on veut bien ne pas tenir compte des exceptions possibles, on peut formuler cette loi : « Tout fait de con- « science détermine un mouvement et ce mou- « vement irradie dans tout le corps et dans cha- « cune de ses parties. Une explosion nous fait « tressaillir des pieds à la tête. La moindre sen- « sation nous donne une secousse identique « quoique invisible : si nous ne la sentons pas « toujours, cela tient à ce qu'elle est trop fine « ou que notre sensibilité ne l'est pas assez. »

1. Il convient de faire remarquer que l'activité motrice n'est pas synonyme de « mouvement » au sens usuel de ce mot. Pour un état d'immobilité, on peut dépenser autant d'énergie que pour un mouvement dans l'espace, ex. : tenir le bras étendu et rigide; la position droite de la tête maintenue par la contraction continue des muscles du cou, etc. Ceci dit en passant pour rappeler l'ubiquité des mouvements; ils forment la trame sur laquelle la conscience dessine ses broderies.

2. *Principles of Psychology*, ch. 23.

Il y a déjà lontemps que Bain a remarqué ce phénomène de décharge générale et l'a exprimé dans la loi de diffusion : « Toutes les fois qu'une impression est accompagnée de conscience, les courants excités se diffusent dans le cerveau tout entier et vont ébranler tous les organes du mouvement et jusqu'aux viscères eux-mêmes. » Il y a donc une irradiation de mouvements qui s'étend à toute notre vie psychique : dans la vie affective, elle éclate avec évidence ; dans la vie intellectuelle, elle n'est pas moindre. L'origine de notre connaissance est dans nos sensations et il n'y en a aucune, quelle que soit son espèce, qui ne suppose et n'implique des mouvements. Nous reviendrons plus tard sur ce point important.

On a proposé plusieurs classifications des mouvements. Je crois inutile de les relater ici. Il sera plus profitable de rappeler leur diversité d'*origine*. Au terme ancien de sens musculaire — trop étroit et par suite inexact — on a substitué celui de sens kinesthétique qui n'est lui-même qu'un terme général qu'il faut résoudre en sens kinesthétiques particuliers. Ce procédé est celui qui maintenant prévaut dans l'étude de la kinesthésie. Titchener (*Psychology*, § 44-55) en donne une énumération qui me semble la plus complète. Je la présente en résumé.

La sensation *musculaire* proprement dite, c'est-à-dire restreinte aux muscles, est assez difficile à étudier isolément. Par divers procédés, on a réussi à éliminer l'action des articulations et des tendons et aussi celle de la peau à l'aide des anesthésiques. Le résultat de ces expériences est de réduire le sens musculaire à une sensation obtuse, qui prolongée devient fatigue. Cette sensation est attribuée à des corpuscules qui entrent dans la constitution du tissu musculaire.

Le sens *tendineux* est impossible à isoler par voie expérimentale, le tendon étant en continuité avec la peau et le périoste. Comme après un fort travail la fatigue se produit, on suppose que la sensation d'effort résulte des tendons. Il paraît avoir son origine dans les noyaux de Golgi.

Le sens *articulaire* est important entre tous. Par lui, nous avons la connaissance de nos attitudes, du poids, de la résistance. — Les observations pathologiques et les expériences du Dr Goldscheider montrent que les surfaces articulaires et elles seules sont le siège des impressions qui nous donnent la perception immédiate des mouvements de notre corps, et que la conscience de leur position ne vient ni des muscles ni des tendons. — La sensation de poids est celle d'une lutte contre la gravitation; la sensation de résistance, celle d'une lutte contre des forces paraissant mécaniques agissant en sens inverse; les deux semblent de même ordre. Aux sensations articulaires s'ajoutent celles des tendons et des muscles.

Le sens *ampoulaire* ou *vestibulaire* doit être compris dans notre énumération. Les canaux semi-circulaires (qui sont placés approximativement selon les trois directions de l'espace) et leurs annexes sont les organes de ce sens. On lui attribue la perception des mouvements de rotation et de translation dans l'espace, celle de la position de notre tête et peut-être de tout notre corps.

D'après cet aperçu analytique, on voit combien la kinesthésie est complexe. Elle est la résultante de groupes de sensations de diverses espèces, ayant chacune son organe et sa fonction particulière. Par suite, elle varie suivant les facteurs qui la composent à un moment donné. Dans la pratique, le plus souvent, ces facteurs que l'analyse sépare, agissent conjointement. On comprend que notre sensibilité motrice, quoiqu'elle ne soit pas localisée comme les sens spéciaux (vision, audition, etc.), mais disséminée, est assez riche pour suffire à des associations et combinaisons nombreuses, dont nous essayerons plus loin de montrer l'importance dans notre mécanisme mental.

II

Avant d'en venir aux images motrices, il est nécessaire de dire quelques mots des *sensations* de mouvements dont elles tirent leur origine, pour signaler les caractères qui les distinguent d'une part des sensations organiques, d'autre part, des sensations spéciales.

Comparés aux sens spéciaux, les sens kinestéthiques ont une marque propre : ils ne nous informent guère que de certaines modifications de notre corps. Ces sensations prises en elles-mêmes, — abstraction faite de celles de la peau

avec lesquelles on les a si longtemps confondues
— ne nous apprennent rien ou presque rien du
monde extérieur. De plus leur mécanisme est
particulier. Tandis que pour les sens spéciaux
l'excitation vient du monde extérieur, agit sur
les terminaisons nerveuses, et est transmise par
voie afférente jusqu'au cerveau ; pour les sensations kinesthétiques, l'excitation part des centres
moteurs, supérieurs ou inférieurs, agit par voie
efférente, puis le mouvement produit est trans-
mis au cerveau par les nerfs sensitifs et détermine une sensation[1]. Comparée aux sensations
dites organiques (ou internes), la kinesthésie
offre beaucoup d'analogie avec elles ; mais elle
s'en distingue par un caractère important. On a
émis l'opinion (Angell, Judd) que les sensations
organiques seraient, par nature, *affectives* plutôt
que cognitives. Je n'examinerai pas cette assertion qui ne me paraît pas sans valeur. Elle est
certainement inapplicable aux sensations kinesthétiques qui nous donnent une connaissance
positive de certains états. De plus, on s'est

1. Je ne dis rien de l'hypothèse tant discutée d'un sentiment
d'innervation qui serait *antérieur* à la production du mouvement. Elle me semble abandonnée.

demandé si les sensations organiques peuvent survivre et revivre sous la forme d'images. Cette question obscure a été peu étudiée et par suite n'est pas tranchée. Or, pour les sensations kinesthétiques, le doute n'est pas possible sur ce point.

En somme, les sensations de mouvement occupent une position intermédiaire entre les sens spéciaux et les sensations purement organiques.

Si l'on excepte les sensations de poids et de résistance qui sont de nature mixte, parce qu'elles impliquent les sensations cutanées ; si l'on excepte encore les individus du type moteur chez qui la conscience des mouvements et de leurs images est d'un ordre supérieur[1], chez la moyenne des hommes, cette conscience est assez vague et ressemble à une sensation plutôt qu'à une perception proprement dite, c'est-à-dire à un phénomène nettement déterminé, localisé et objectivé. Il en résulte que le plus souvent les images motrices n'ont guère de chances d'appartenir à la catégorie des états vifs.

1. Comme exemple de ce type, je rappellerai les observations si curieuses que Stricker a faites sur lui-même. On les trouvera exposées en détail dans la *Revue Philosophique* (cf. 1885, t. XVI, p. 188).

*
* *

Ces images sont comme toutes les autres d'origine sensorielle, tout en formant une classe *sui generis* ayant une nature spéciale. Une remarque aussi simple serait complètement inutile, si la théorie du sentiment d'innervation ou de la conscience de l'effort, n'avait, sous le patronage de Wundt (qui l'a abandonnée plus tard) beaucoup contribué à embrouiller ce sujet, en supposant ou en laissant entendre que la conscience du mouvement accompagne dans certains cas le courant nerveux centrifuge.

En bref, qu'est-ce qu'une image motrice?

En termes psychologiques, c'est la reviviscence spontanée ou provoquée de sensations kinesthétiques simples ou complexes éprouvées antérieurement.

En termes physiologiques, c'est l'excitation des zones corticales (quelles qu'elles soient) où aboutissent les sensations de mouvement. Il nous importe peu qu'elles coïncident ou non avec celles des centres moteurs, pourvu qu'il y ait connexion. Ce problème n'est pas du ressort de la psychologie.

Ces images ne peuvent être que des mouvements qui commencent, mais restent internes, sans se réaliser en mouvement objectif. .

Toutefois, cette reviviscence a des degrés comme valeur psychologique. Elle peut varier dans ses formes depuis l'hallucination motrice qui n'est pas rare (Exemple : les illusions des amputés) jusqu'à un appauvrissement de la conscience qui est ou paraît absolu. Qu'il me soit permis, pour des raisons uniquement d'ordre et de clarté, de ramener la reviviscence des images motrices à trois types principaux, suivant leurs coefficients de conscience. Beaunis, qui a fait des expériences sur la permanence des souvenirs kinesthétiques quant à la longueur et quant à la direction des mouvements, en a conclu « que le souvenir ne disparaît pas graduellement », mais que dans sa régression, on peut distinguer trois moments : le premier est conscient, le second inconscient ou subconscient (il l'appelle organique) est plus stable, le troisième est l'oubli[1].

1. *Les Sensations internes*, p. 133 et suiv. (F. Alcan.) Ces expériences consistaient en ceci : 1° Pour la longueur, tracer sur

Cette conclusion diffère peu des types schéma-
tiques que je propose :

1° Il y a d'abord les images motrices pures.
J'appelle ainsi celles qui sont dépouillées totalement ou à peu près de tout élément accessoire
venant des sens spéciaux. C'est dans les rêves
qu'elles apparaissent le plus nettement : on croit
marcher, courir, nager, voler, manier un outil,
se livrer à quelque sport, etc. Elles se rencontrent aussi dans la vie journalière (Ex. : assis
chez soi, on croit ressentir le roulis d'une tra-
versée en mer). Elles sont moins nettes, moins
isolées, parce que les sens spéciaux ne sont pas
endormis. Comme toutes les images, elles sont
sujettes, dans leur reviviscence, à des déforma-
tions et des lacunes. Il semble pourtant qu'elles
subissent moins que les autres ce travail
d'érosion qui se produit avec le temps, peut-être
parce qu'elles sont moins complexes.

Comme la représentation d'un mouvement est

un tableau ou un papier, les yeux fermés, des lignes ou marquer deux points distants l'un de l'autre; puis après un temps
variable, essayer de reproduire exactement ces longueurs ou
ces distances; 2° Pour la direction, il suit un procédé analogue
en l'appliquant à des angles aigus, obtus, etc.
Dans ces expériences, il faut aussi tenir compte d'un facteur : le temps, comme guide et comme moyen de contrôle.

un mouvement qui commence, elle peut, quand elle est forte, se parachever et devenir un mouvement réel. Ce phénomène de passage à l'acte est très connu et très fréquent chez les impulsifs. Elle peut s'arrêter à mi-chemin sous la forme d'une hallucination motrice : on sait que plusieurs psychologues ont expliqué ainsi la « voix intérieure » des mystiques. Ces images motrices du premier type sont celles qui nous occuperons le moins, ayant peu de profit à en tirer.

2° Avec celles du second type, le coefficient de conscience diminue et descend par degrés au subconscient. La majeure partie de ce groupe est formée par les éléments moteurs inclus dans les sensations spéciales : vision, audition, toucher, olfaction et gustation. Pour le moment, je me borne à cette mention succincte : la question doit être étudiée en détail et on le fera plus loin. Remarquons seulement que les impressions kinesthétiques sont, dans ces cas, recouvertes et comme voilées par les impressions lumineuses, sonores, tactiles, gustatives et olfactives : elles sont rejetées au second plan dans la conscience.

L'image motrice peut tomber plus bas, et

alors les mouvements sont seulement *pensés*, non sentis. C'est l'état normal des individus non moteurs. Toutefois, ces images subsistent puisqu'elles peuvent réapparaître dans certaines conditions que nous avons signalées pour les rêves. Mais il ne reste qu'une disposition qu'il faut bien appeler physiologique puisqu'elle est sans conscience.

Cet affaiblissement peut aboutir à une disparition passagère ou momentanée. Les observations pathologiques le prouvent. Perte des images verbales (aphasie motrice), du mouvement nécessaire pour écrire (agraphie), perte des mouvements de toute expression (amimie), effacement des mouvements appris pour manier un outil, jouer d'un instrument de musique, même ceux de la station et de la marche (astasie, abasie). Dans ces cas et autres similaires qui sont nombreux, le déficit des images motrices s'établit par voie négative, indirecte, par une interprétation, non par intuition.

3° Au dernier degré, les représentations motrices seraient dénommées plus justement résidus moteurs ou organisations motrices, en raison de l'éclipse totale de la conscience qui, suivant une loi psychologique très générale, s'en retire parce qu'elle est inutile. Elles sont des dispositions organisées qui résultent de la répétition des expériences répétées dans l'individu, peut-être aussi dans l'espèce. Elles se révèlent non par un état de connaissance, mais, selon leur nature, par des réactions motrices qui sont perceptibles objectivement. L'observation et l'expérimentation en donnent des preuves. Dans un livre un peu ancien *Sensation et mouvement*, Feré a constaté que l'excitation forte de certaines parties de l'organisme, quoiqu'elle ne suscite aucun état de conscience, produit comme les sensations conscientes, une dynamogénie qui se manifeste par une augmentation de l'énergie motrice. Récemment le Dr Morton Prince a publié des expériences dont la valeur psychologique semble encore plus grande. Voici ses principales conclusions : « Dans certaines conditions pathologiques, des processus subconscients actifs, c'est-à-dire des souvenirs qui n'entrent pas dans la vie consciente de l'individu, peuvent exister. Le souvenir d'émotions disparues peut être conservé et susciter les mêmes réactions motrices que le font les états émotion-

nels conscients. Les objets non perçus consciem-
ment par la vision périphérique peuvent être
aperçus par co-conscience[1]. » Suivant l'auteur,
ces réactions sont également compatibles avec
la théorie qui admet que les processus co-con-
scients sont psychiques et avec les théories
physiologiques ; mais il estime que celles-ci sont
trop compliquées.

III

Maintenant nous pouvons aborder notre
question principale qui est de savoir si l'on ne
pourrait pas attribuer légitimement aux représentations motrices des deux derniers groupes le
rôle le plus important dans l'activité inconsciente
de l'esprit et, si ces processus ne seraient pas
explicables par elles avec plus de simplicité et
de vraisemblance que par toute autre hypothèse.

Sur la nature foncière de l'inconscient, il y a
des auteurs qui ne professent aucune opinion

1. *Journal of abnormal Psychology*, juin-juillet 1908 : aux
termes usités, subconscient, inconscient, l'auteur préfère celui
de « co-conscience ».

explicite. Ils se bornent à l'admettre comme un x, comme un postulat nécessaire pour la compréhension d'un très grand nombre de faits. D'autres, plus hardis, ont risqué des hypothèses : elles sont réductibles à deux catégories.

La première, très claire et sans équivoque, est purement physiologique : l'activité inconsciente est « cérébrale », rien de plus, et sans aucun caractère psychique.

L'autre est psychologique. Elle a été présentée sous des formes différentes, en des termes différents (moi subliminal subconscient, couches ou niveaux de conscience, etc.); mais elles concordent toutes sur un point : c'est que l'inconscient est toujours, à un degré quelconque et sous une forme quelconque, une modalité de la conscience.

L'autre hypothèse est trop simpliste; celle-ci est équivoque, car, sans s'en apercevoir, par une prestidigitation verbale, on refoule la conscience jusqu'à un arrière-fond où rien ne dénote sa présence. Elle est une *connaissance,* au moins vague, de nos états intérieurs; dépouillée de cette marque essentielle, elle n'est plus elle-même, il y a autre chose à sa place. L'acteur,

dit Hering, qui vient de jouer le rôle d'un roi :
quand rentré dans la coulisse, il a quitté ses
insignes et son attitude imposante, n'est plus un
roi ; de même, les états de conscience, quand ils
ont quitté la scène, ne sont plus une forme de
la conscience. La conscience, étant une connaissance *immédiate*, n'est pas inférée : elle est constatée.

Comment des psychologues très perspicaces
ont-ils pu adopter une hypothèse si ambiguë,
pour ne pas dire contradictoire? A mon avis, cela
s'explique par une tendance intellectualiste.
Sans elle, tout est obscur ; elle illumine tout ;
elle est la forme primordiale et essentielle de
la connaissance et l'on suppose que tout ce qui
a passé par sa lumière, même enfoui au fond de
notre être, reste *cognitif*. Cette illusion de notre
intelligence est analogue à celle de l'anthropo-
morphisme dans la psychologie religieuse et
dans celle des animaux.

Si le fond de l'inconscient ne doit pas être
cherché dans le connaître, il reste à interroger
le sentir, l'agir. Mais la sensibilité n'est pas pure
de tout élément de connaissance, puisqu'elle
nous révèle nos états intérieurs. Par voie d'éli-

mination, nous sommes conduits à nous demander si l'inconscient ne serait pas fait surtout de résidus moteurs. Dans l'hypothèse que nous proposons, *tout état de conscience est un complexus dont les éléments kinesthétiques forment la portion stable, résistante.* Si l'on me permet une métaphore, ils en sont le *squelette.* Ils assurent la permanence. Quand nos expériences passées sont ensevelies en nous et pourtant subsistent et même agissent (les faits le prouvent), que peut-il rester d'elles sinon la portion qui est le « tissu de soutien », celle qui se passe le plus aisément de la conscience? C'est elle qui rend possible la reviviscence totale des états passés et de leurs multiples rapports.

Puisque les perceptions sont la forme fondamentale et la source de notre connaissance à tous ses degrés (images, concepts), il est indispensable de revenir sur un point qui a été indiqué plus haut en passant : la présence et la nécessité des éléments moteurs dans la constitution de tous nos états de conscience. Notre hypothèse s'appuyant spécialement sur ce fait, nous ne saurions trop mettre en relief la stabilité des manifestations motrices sous les modalités fluides et évanescentes des sensations.

L'œil, comme on le sait depuis longtemps, est pourvu d'un ensemble de muscles qui lui permettent des mouvements assez nombreux et délicats. Récemment, on s'est avancé beaucoup plus loin. Des auteurs très versés dans la psychophysiologie de cet organe ont soutenu une opinion qui augmente grandement la valeur des mouvements dans l'acte de la vision. Ils ne seraient pas éloignés de la mettre au premier rang. Cette opinion est tellement favorable à notre hyphothèse qu'il convient de l'exposer succinctement[1]. Mach est entré dans cette voie en soutenant que l'unité de nos perceptions et de nos images mentales est aussi conventionnelle que l'unité des objets : à une conception statique il substitue une conception dynamique, nos perceptions et nos images étant non des « empreintes » mais *des groupements de sensations motrices*. Bourdon s'explique avec plus de clarté et de précision. Indépendamment de l'impression rétinienne, il attribue le plus grand rôle pour la perception des formes aux sensations tactiles et

---

1. Pour une exposition détaillée, voir Kostyleff : *La Crise de la psychologie expérimentale* (F. Alcan), 1911, p. 121 et suiv.

musculaires, « pour la perception des positions,
aux sensations des paupières ; pour la perception
des profondeurs, à la tension des muscles oculaires, produite par la convergence ». Le
Dʳ Nuel[1] qui s'est proposé d'établir une théorie
purement objective de la vision, après avoir
suivi son évolution dans la série animale, arrive
à conclure « que chez l'homme, les données
visuelles de la conscience se rattachent uniquement aux modifications du réflexe cérébral par
les réflexes oculaires de la direction et de la
convergence. *Les représentations visuelles sont
toutes motrices.* On ne saurait guère supposer des
états de conscience visuelle chez le petit enfant,
avant qu'il se soit produit des photo-réactions
du corps (par exemple du bras). »

Ainsi donc, d'après cette thèse, les sensations
spécifiques de la vue (les couleurs et leurs
variétés innombrables) reposeraient sur une
construction de nature motrice : et ces éléments
moteurs doivent subsister dans l'image visuelle,
tant qu'elle demeure inaltérable. Au reste, chez
les moteurs, la réprésentation, lorsqu'elle est un

1. Dʳ Nuel, *La Vision*, Paris, 1904.

peu vive, s'accompagne d'une ébauche de mouvements *ressentis*. Stricker et d'autres en rapportent divers exemples.

Le sens de l'ouïe dont la valeur intellectuelle n'est pas inférieure à celle de la vue, paraît, au premier abord assez dénué quant aux mouvevents. Chez l'homme, l'oreille externe n'est pas appropriée aux actions motrices qui pour beaucoup d'espèces animales sont un auxiliaire de l'audition. Comme nous l'avons dit plus haut, c'est l'oreille interne (canaux demi-circulaires, ampoules) qui est kinesthétique. Mais ceci demande à être complété. A l'encontre de la théorie de Helmholtz et pour en combler les lacunes, des physiologistes contemporains, principalement Bonnier[1], soutiennent que « l'audition ne se rattache pas à un processus moléculaire, à la répétition des ébranlements de l'air, mais à un processus molaire (de masse), à un *mouvement* des organes auriculaires suivi d'une excitation du nerf auditif ». La perception sonore est attribuée à un va-et-vient de milieux suc-

1. Bonnier, *L'Audition*; Kostyleff, *loc. cit.*

cessifs, petits et suspendus tels que les osselets, le liquide labyrinthique, les tympans cochléaires et la membrane de la fenêtre ronde aboutissant à une irritation continue de la papille. Ici encore, sous les sensations spécifiques, il y a un ensemble qui leur sert de soutien.

La fonction vocale est en rapport si intime avec les sensations de son qu'il convient d'en dire quelques mots. Pour nous, la question se concentre sur le fait de la parole intérieure. Les discussions qui ont eu lieu sur sa nature peuvent être négligées ici sans aucun inconvénient, car il me semble que tout ce qui importe à notre étude peut être réduit à quelques propositions claires et incontestables. Les voici. La parole intérieure est nécessairement constituée par des images vocales, réductibles aux *seules* sensations des images motrices de l'organe de la voix. Les éléments moteurs, qui existent chez tout le monde, sont plus facilement perçus par quelques-uns (type moteur). Même remarque en ce qui concerne le *chant* intérieur, avec cette différence que la conscience du mouvement s'accentue davantage : rythme, mesure, vitesse, lenteur, affaiblissement, renforcement, etc.

Quel que soit le type prédominant — sensoriel ou moteur — le résultat est le même pour nous. Il y a un « squelette » moteur, fragile ou résistant, suivant qu'il est constitué surtout par la kinesthésie auditive ou que la kinesthésie de l'organe de la voix vient renforcer l'autre.

Nous pouvons passer rapidement sur les autres sens spéciaux.

Dans le toucher proprement dit, les sensations de contact sont tellement emmêlées et impliquées dans les sensations kinesthétiques que, pendant des siècles, on a confondu les unes et les autres sous une domination commune; on distinguait tout au plus le toucher passif du toucher actif.

Dans les deux sens du goût et de l'odorat, on ne peut guère attribuer aux mouvements un rôle important. Cependant, la gustation est aidée par les mouvements de la langue et de la cavité buccale. Quand à l'organe olfactif, chez l'homme, il est pauvrement doué, très inférieur à celui de beaucoup d'animaux en qui l'aspiration des narines est renforcée par un appareil nerveux, sensoriel et moteur très développé. Dans un travail spécial[1] en m'appuyant sur des observations assez nombreuses, j'ai fait remarquer que la reviviscence des représentations olfactives et gustatives n'est pas fréquente sous la forme spontanée et plus rare encore par évocation volontaire, quoique certaines personnes en soient capables. Selon moi, cela s'explique par ce fait : que la reviviscence possible d'une représentation est, généralement, en raison directe de sa complexité et *des éléments moteurs* qu'elle *contient.*

Notre exploration à travers les diverses formes de la connaissance pour y signaler la présence des éléments moteurs, serait incomplète, si l'on oubliait les concepts. Leur rôle est un peu effacé, mais ils existent. Quelque opinion qu'on ait sur les processus psychiques qui engendrent les idées abstraites et générales, on ne peut se refuser à admettre qu'ils supposent deux choses : les signes et les données expérimentales dont elles sont la simplification et le substitut.

1. *Psychologie des sentiments*, 1re partie, ch. xi. (F. Alcan.)

Le signe peut être un mot ou un symbole conventionnel, comme dans les sciences. Durant le travail de la pensée abstraite, il y a ou une parole intérieure ou une vision intérieure de choses écrites, imprimées. Tout cela peut n'être que vaguement esquissé; mais, au fond, est fait d'images sonores ou visuelles. Nous savons ce qu'elles sont.

D'autre part, le signe, sous peine de n'être qu'un fantôme psychique, un rien, doit recouvrir un *quantum* d'expérience; il n'a de valeur que s'il est réductible à des états concrets; il couvre un savoir potentiel qui est au-dessous de la conscience, mais n'en est pas pour cela moins actif.

En résumé, nous avons trouvé partout des mouvements ou des représentations de mouvements, et cela ne doit pas surprendre. L'activité motrice est la réponse que l'homme et les animaux font aux excitations qui viennent du dehors ou du dedans. C'est leur part dans l'opération qui constitue les sensations et les perceptions; c'est parce qu'elle fait la synthèse des impressions sonores, colorées, tactiles, qu'elle en est la charpente et le soutien, le principe de permanence, l'élément résistant qui n'a pas besoin de la conscience pour durer[1].

IV

Il serait désirable, maintenant, de soumettre l'hypothèse proposée à une vérification par les faits. Malheureusement, on en est réduit à produire des vraisemblances plutôt que des preuves. Il est vrai que, sans cela, notre thèse ne serait plus une hypothèse.

I. — Cherchons dans le mécanisme de l'association. Jusqu'ici nous avons traité les perceptions, images et concepts comme s'ils étaient des unités isolées. C'est un procédé commode pour l'étude analytique et il nous a servi à montrer que tous ces états renferment des éléments moteurs dans leur composition. La réalité est autre : il n'apparaît guère d'états de conscience isolée; ils sont inséparables de leur *rapport*.

En raison de la loi d'irradiation ou de diffu-

---

1. Pour le moment, je reste confiné dans les opérations intellectuelles. Je m'abstiens de toute étude sur le rôle des mouvements et des images motrices dans la vie affective.

sion — énoncée plus haut — les mouvements deviennent le « tissu de soutien » de la vie psychique tout entière, l'analogue du tissu conjonctif dans la constitution des organes. Les innombrables rapports sans lesquels notre vie psychique n'existerait pas ou ne serait qu'une succession de feux-follets, se font par eux et sont consolidés par eux.

La valeur psychologique des mouvements ayant été très longtemps méconnue, on a été conduit à une conception *statique* de la mémoire : celle des souvenirs conservés tout faits, celle des « empreintes » avec ses variantes dont les physiologistes sont principalement responsables. Actuellement, une explication *dynamique* tend à prévaloir. Plusieurs psychologues (Münsterberg, Godfernaux, Claparède, etc.), soutiennent que, au fond, *toute association est une association de mouvements*. En 1879, sans voir pourtant toute l'importance des mouvements, nous avons essayé d'expliquer le mécanisme de la mémoire par des « associations dynamiques »; ce qui peut se résumer comme il suit. La mémoire suppose non seulement une modification des éléments nerveux, mais aussi et surtout *la formation entre*

*eux d'associations déterminées pour chaque événe-
ment particulier*, l'établissement de certaines
associations qui, par la répétition, deviennent
aussi stables que les connexions anatomiques primitives. Selon moi, ce qui importe comme base
de la mémoire, ce n'est pas la modification
imprimée à chaque élément, mais la manière dont
plusieurs éléments se groupent pour former
un complexus [1]. Ainsi la représentation nette
d'un monument ou d'une personne consiste dans
la réapparition simultanée et cohérente des
images visuelles et des images kinesthétiques,
issues d'une perception antérieure et dans la
synthèse des actions nerveuses correspondantes,
quelles qu'elles soient, et dans quelque partie
du système nerveux (périphérique ou central)
qu'elles soient situées.

Des expériences dues à Münsterberg tendent à
prouver la grande importance des mouvements
dans le mécanisme de l'association.

On discute, dit cet auteur, sur la question de
savoir si outre la ressemblance interne des idées, il
n'y a pas d'autres causes d'association telles que la

1. Pour une étude complète sur ce point, nous renvoyons à
nos *Maladies de la mémoire*, ch. I, p. 18 et suiv.

2.

simultanéité ou la succession. Il n'est pas douteux en fait qu'il y ait des associations par succession (série de sons, de mots, d'événements), mais l'auteur croit pouvoir soutenir qu'il n'y a jamais d'association immédiate des représentations successives. La liaison d'impressions successives a, b, c, d peut avoir lieu de deux manières. Ou bien a n'a pas encore disparu de la conscience quand b y apparaît et ainsi de suite; alors c'est en réalité une simultanéité qui agit. Ou bien, chaque excitation produit un mouvement réflexe; par exemple une image verbale produit les mouvements d'articulation, ceux-ci un autre et ainsi de suite, en sorte que tous ces complexus de mouvements se lient entre eux. Si l'idée b suit l'idée a ce n'est pas parce que a éveille b, comme on l'admet généralement, mais a suscite le mouvement A qui suscite le mouvement B et B éveille b dans la conscience; B suscite C et ainsi de suite.

Pour soumettre cette théorie au contrôle de l'expérience, l'auteur a recherché si les associations successives sont encore possibles lorsque l'on exclut l'exercice des mouvements concomitants aussi bien que la perception simultanée des termes voisins dans une série. Il a adopté le dispositif suivant : Un tableau noir sur lequel on peut faire glisser une bande noire de 2 décimètres qui présente une petite ouverture carrée; une ligne de lettres est écrite sur un tableau dont chacune apparaît successivement à travers l'ouverture par suite du glissement de la bande : chaque lettre reste visible une seconde. Ces lettres sont disposées de manière à ne former aucun mot et l'expérimentateur ne doit pas les connaître d'avance.

La première série d'expériences consiste à lire ces lettres, puis quand elles ont disparu, à les répéter aussi exactement que possible. On peut réussir avec des séries de 4, 5 et jusqu'à 10 lettres. Les séries de 4 à 7 lettres sont répétées exactement sans exception, au delà, il y a quelques erreurs.

La seconde série d'expériences consiste à procéder comme ci-devant, mais de plus tout en fixant son regard sur les lettres, le sujet doit calculer de tête à haute voix (exemple, additionner 7 + 7, etc.), jusqu'à ce que la dernière lettre apparaisse. Dans ce cas, d'abord on ne peut pas dépasser la série de 7 lettres ; dans la série de 6, il y a pour un tiers une lettre fausse; pour deux tiers la reproduction est exacte. Mais pour une série de 100 expériences avec 4 lettres, on trouve : 6 fois une lettre fausse, mais dans 52 cas l'ordre de reproduction des lettres est faux; avec 5 lettres, 64 cas d'ordre faux, avec 6 lettres 83 cas. (Exemple *l g h t* au lieu de *h g l t*; *c p i s e*, au lieu de *p s i c e*, etc.

Faut-il attribuer la différence des deux cas à l'intervention de l'attention? L'auteur rejette cette hypothèse. D'après lui, les différences, dans le second cas, viennent de ce que l'appareil vocal est complètement séquestré, que les lettres ne peuvent être répétées et que, étant occupés à compter, nous ne pouvons retenir intérieurement une lettre, quand la suivante se présente : L'association simultanée fait défaut, en même temps que l'exercice des mouvements : la conscience saisit bien les impressions successives et peut les reproduire, mais chacune d'elles reste isolée et l'une n'éveille pas l'autre.

Smith a fait des expériences analogues qui ont donné les mêmes résultats. Toutefois, il a employé un procédé qui ne permet pas l'objection possible d'une distraction qui serait causée par cette double opération. (Voir *Année psychologique*, t. III, p. 458.)

Voici un petit fait que tout le monde a pu observer. On cherche le nom d'une personne ou d'une localité : on a conscience qu'il commence par une lettre déterminée, soit B ; c'est tout : on s'oriente sur cette piste. Plusieurs noms apparaissent tour à tour et sont réprouvés. Après plusieurs efforts infructueux, quelquefois spontanément, le mot entre enfin dans la conscience ; il est trouvé. — Examinons ce petit fait. Les images motrices et visuelles ou sonores (ou les deux à la fois) qui constituent ce mot sont évoquées. Cet élément psychique, si mince qu'il soit, a contracté antérieurement des rapports très nombreux avec d'autres éléments de son espèce, par suite, l'irradiation motrice peut se produire

dans plusieurs sens, évoquer des combinaisons
de lettres qui ne sont pas celle qu'on sollicite.
Nous dirons en termes physiologiques que les
mêmes éléments entrent dans des combinaisons
différentes, pouvant susciter des décharges en
diverses directions : il suffit de circonstances
infiniment petites pour mettre en activité un
groupe au lieu d'un autre et produire en consé-
quence des effets différents. L'explication la plus
simple et la plus vraisemblable nous semblera
celle d'un travail inconscient ou subconscient
réductible à des actions motrices.

Les associations dites *médiates* admettent la
même explication; mais le cas est plus simple.
Un état de conscience en suscite un autre sans
liaison apparente avec lui : en observant avec
quelque soin, on découvre un intermédiaire qui
justifie le passage de l'un à l'autre. A la vérité,
ce n'est qu'une induction, mais elle s'impose par
sa vraisemblance. Quelques sceptiques, pour plus
de sûreté, ont institué des expériences dont les
résultats ne s'accordent pas : les uns sont pour
l'affirmative, les autres pour la négative. J'opte
pour l'affirmation, ayant plus de confiance en

une observation attentive qu'en des expériences artificielles et factices.

W. Hamilton qui, le premier, a étudié cette forme d'association, l'a comparée à la *transmission du mouvement* qui ne se révèle visiblement qu'aux deux bouts dans une série de billes suspendues et en contact, la transmission intermédiaire restant inaperçue. Cette comparaison, je la tiens pour un *fait réel* dans l'association médiate. Dans le processus total, le moment du passage reste étranger à la conscience et me paraît constitué par les éléments moteurs seuls; la restitution *ad integrum* de l'état intermédiaire n'a pas lieu, peut-être faute de temps suffisant : On sait que l'acte de conscience exige un *quantum* de durée (déterminé par la psychométrie) qui est indispensable, et la rapidité du travail cérébral ne permettant pas ce minimum, la conscience n'apparaît pas[1].

II. — Depuis une dizaine d'années, on a étudié sous le nom d'*Attitudes* une manifestation de la

---

1. On pourrait encore mentionner les contributions, très importantes pour la psychologie des mouvements, de l'École russe (Bechterew, Pavlof, etc.).

vie psychique dont la valeur avait été insuffisam-
ment appréciée et même souvent méconnue. Le
premier, dans ses recherches expérimentales sur
le jugement (1901) Marbe a employé le mot
Bewusstseinlage (position de la conscience) qui
depuis a prévalu parmi les psychologues allemands. En Amérique, on a adopté le terme équivalent « attitudes » qui est devenu d'un emploi
courant dans ce pays. Il a été critiqué. On a prétendu qu'il n'apprenait rien de nouveau; d'un
autre côté, l'un des promoteurs de ces études,
les qualifie de « découverte ». Laissant de côté
ces exagérations contraires, nous croyons que
ces expériences et les conclusions qu'on en a
déduites — quoiqu'elles aient encouru des repro-
ches — sont une contribution importante à la
psychologie des mouvements. De plus, l'emploi
du mot « attitude » dans un sens très déterminé,
restreint, a l'avantage d'isoler et de mettre en
relief le problème que ces états spéciaux évo-
quent.

Considérées analytiquement, les attitudes sont
des formes *sans matière, sans contenu.* Elles
n'ont pas d'existence indépendante; elles ne
peuvent être connues, pensées isolément. Elles

ne sont qu'un moule, mais qui impose sa marque aux états de conscience intellectuels et affectifs. Judd dit avec raison : « Le mot attitude est le seul qui puisse être appliqué d'une manière appropriée à la fois à la réaction personnelle et au processus mental. »

Entre toutes les attitudes, la principale est, sans contredit, l'attention, quoique la psychologie allemande en ait peu ou point parlé : elle est un état, une disposition, une posture de la conscience qui consiste en effort et en spécialisation. Il n'y a rien de plus à porter à son compte comme manifestation psychique.

On a donné comme types d'attitude le doute, la conviction, la surprise, l'étonnement. Il y en a d'autres, mais si la définition est fatalement vague, ces exemples suffisent à la préciser et à fixer les idées.

Les attitudes ont pour nous un double intérêt par leurs rapports avec l'activité motrice et avec la vie inconsciente de l'esprit.

1° Sur leur nature on a été sobre de théories et vague comme conclusion [1]. Les uns lui attri-

1. On trouvera un exposé critique des travaux allemands, dans Titchener : *On the experimental Psychology of Thought*

buent une origine affective ; en réalité l'émotion les suscite, mais ne les constitue pas. D'autres préfèrent une explication intellectuelle et en font des formes de la pensée tout en déclarant que la conscience qu'on en a « est vague et intangible » : c'est naturel. L'attitude étant une forme, ne devient connaissable que par son adjonction à des sensations, des images, des idées, des émotions ; seule et par elle-même, elle ne peut être la matière d'une connaissance.

Pour nous, elle est un mode de l'*activité motrice*. L'attitude est une position de l'individu qui s'apprête à recevoir : ce qui suppose une adaptation de mouvements. Physiologiquement, le processus central qui détermine des décharges motrices dans les muscles est la condition immédiate des attitudes, tout comme le processus central des zones sensorielles est la condition immédiate de la conscience des sensations.

processes, New-York, 1909, avec une ample bibliographie. Les principaux sont ceux de Ach sur la volition et la pensée, de Messer sur l'investigation expérimentale de la pensée, de Watt (sous un titre analogue), de Orth sur le sentiment et les attitudes. En France, Alfred Binet : *L'Etude expérimentale de l'Intelligence*. — On a quelquefois confondu les attitudes avec la « pensée sans image » ce qui me paraît une erreur due à des tendances intellectualistes : je tiens les deux cas pour différents et j'y reviendrai.

Au reste, je constate que pour Titchener et Ach, la marque caractéristique des attitudes est une « mise en garde » (*awareness*). N'est-ce pas, sous une forme moins nette et moins explicite, un équivalent de notre conclusion?

2° Les attitudes n'ayant qu'un très faible coefficient de conscience, nous sommes avec elles à la limite du monde de l'inconscient. En étudiant les auteurs précités, j'ai été souvent obsédé par l'idée de ce voisinage, en m'étonnant de leur mutisme sur ce sujet. Pourtant, quelques-uns, surtout à propos de la « pensée sans images », font quelques allusions vagues.

Seul, Messer négligeant les ambages et les néologismes de ses émules, paraît résoudre simplement les attitudes en ce qu'on appelle d'ordinaire l'inconscient. « J'admets, dit-il, que les processus psychiques sous-jacents à une pensée explicitement formulée, peuvent suivre leur cours sous toutes sortes de formes abrégées se télescopant l'une l'autre, faisant plusieurs appels à l'énergie psychologique emmagasinée. Aux processus psychiques réels, nous pouvons substituer ici une disposition cérébrale. Ces processus inconscients varient en intensité suivant les circonstances, et jettent par conséquent plus ou moins de lumière dans la conscience. »

En somme, nous avons essayé d'établir que chaque état intellectuel (perception, image, concept) pris isolément, contient des éléments kinesthétiques plus stables que les éléments sensoriels spéciaux. Nous avons aussi montré l'importance des mouvements dans les associations et combinaisons ; ils forment une chaîne de soutien. Les attitudes sont aussi des mouvements de résistance, mais plus extérieurs..... Pour me faire mieux comprendre, je risque une comparaison. Les naturalistes disent qu'il y a des squelettes intérieurs — ceux des vertébrés — qui soutiennent les masses molles de l'organisme et des squelettes extérieurs — ceux des arthropodes — qui couvrent, protègent les masses molles sous leur enveloppe de chitine. De même, on serait porté à croire que, tandis que dans les divers modes de la connaissance, l'élément moteur est *encastré*, est une portion *intrinsèque* du complexus total, l'attitude, tant qu'elle dure est un moyen *extrinsèque* de soutien et de résistance sans lequel les états de con-

science resteraient une matière plastique et
difluente.

V

Le rôle des représentations motrices dans la
conservation des souvenirs ne me paraît avoir
été entrevu que par un très petit nombre de
psychologues et sous une forme indécise. Richard
Sémon, dans son livre *Die Mneme*, plein d'idées
originales, mais dont la terminologie et les néologismes rebutent le lecteur, a tenté une étude
dynamique, fonctionnelle de la mémoire, réductible à des mouvements; mais en raison de sa
généralité, elle ne précise guère : c'est une
métaphysique plutôt qu'une œuvre de psychologie pure. — La tendance d'Urban et de Witasek
est beaucoup plus psychologique. Leur but est
fort différent du nôtre : c'est l'étude du procédé
de généralisation des images affectives. Pour
l'expliquer, ils admettent une « constante dynamique » ou « motrice » qui représente les « processus *moteurs* appartenant en commun à un
groupe d'expériences émotionnelles ». — Mais

c'est Baldwin qui, dans plusieurs occasions, se rapproche le plus de nous. A propos d'une autre question (celle de la mémoire affective et de la reconnaissance du souvenir) il déclare « qu'il est disposé à admettre les images affectives et motrices de Ribot, à condition qu'on entende par là les éléments *formels* des états de sentiment ». Peu enclin aux explications intellectualistes, il soutient « que l'on entend à tort toute présentation dans le sens cognitif; que les sentiments sont aussi des présentations, mais qu'on veut trop les faire rentrer dans le moule de la connaissance[1] ».

Pour ma part, je viens d'essayer de montrer que l'activité motrice pénètre et enveloppe notre vie psychique et en est la portion solide. Physiologiquement, elle dépend du système nerveux moteur, central et périphérique, agissant par impulsions spontanées ou volontaires, et, de plus, du système nerveux sensitif qui transmet à la couche corticale du cerveau les impressions kinesthétiques. Psychologiquement, sous la

1. R. Simon, *Die Mneme*, Leipzig, 1908. W. Urban, *Psychologial Review*, mai et juillet 1901. Witorsek, *Zeitschrift fur Psychologie*, t. XXV. Baldwin, *Revue Philosophique*, mai 1909 avec ses références.

forme de présentations ou de représentations, elle contribue à la formation de chaque état de conscience, à leurs associations, enfin, elle constitue ces dispositions générales et momentanées qu'on nomme des attitudes.

Resterait à l'examiner sous une autre forme — comme substratum de la vie inconsciente; mais l'exposition détaillée de cette hypothèse qui n'est pas sans difficultés et sans lacunes serait prématurée, car nous n'avons encore rien dit des mouvements, réels ou représentés, dans leurs relations avec la vie affective.

Pour terminer, je me borne à quelques conclusions provisoires.

Notre hypothèse nous paraît échapper à deux difficultés.

D'une part, à l'explication équivoque qui, sous le couvert du terme subconscience, paraît supprimer la conscience (connaissance) tout en la maintenant en fait, en la supposant existante sur un autre plan à un niveau inférieur.

D'autre part, à l'assimilation de l'existence latente de l'inconscient à un néant psychique, ce qui rend incompréhensible la reviviscence des

images, ainsi que son influence et son action
indéniable sur notre conduite.

C'est seulement lorsque notre étude sera complète qu'on pourra juger si l'hypothèse la plus
acceptable n'est pas celle qui explique par les
représentations motrices, leurs rapports et leurs
connexions, une forme d'activité qui, dans son
fond et ses résultats est psychique, quoiqu'elle
reste en dehors de la conscience.

CHAPITRE II

LES MOUVEMENTS
ET L'ACTIVITÉ INCONSCIENTE

———

Le précédent chapitre a été consacré surtout à montrer que dans la composition de toute perception et de toute image, il y a des éléments moteurs en sus des qualités spécifiques propres à chaque sens (couleurs, sons, dureté, résistance, etc.), et que leur présence est nécessaire, indispensable. Il nous reste à montrer qu'il en est de même pour les états affectifs. Ici le fait est tellement clair, que nous pourrons être brefs.

Sur l'origine première des manifestations émotionnelles, notre position est nette. Depuis longtemps nous avons protesté contre la théorie « classique » qui définit la sensibilité par le

3.

plaisir et la douleur. Comme une définition doit reposer sur les caractères fondamentaux, essentiels, il faut descendre plus bas, — aux tendances. Les états agréables et désagréables n'ont qu'un avantage, c'est d'être la portion claire, c'est-à-dire pleinement consciente d'un fait plus complexe; mais ils dépendent des désirs et aversions, des tendances positives et négatives; celles-ci sont les processus *élémentaires* de la vie affective dont le plaisir et la peine ne font que traduire la satisfaction ou l'échec.

Sous diverses formes et en termes différents, plusieurs psychologues contemporains me paraissent soutenir une thèse analogue, sinon identique [1]. Malgré leurs dissidences, ces thèses ont toutes un fond commun; c'est la réintégration de l'élément moteur dans la constitution fondamentale de la sensibilité. Mais alors, dira-t-on, nous sortons de la sensibilité purement réceptive pour entrer dans la psychologie des mouvements? C'est inévitable. Entre la sensibilité affective et la motricité, il est impossible d'établir une séparation réelle; on ne peut que la déterminer idéa-

1. Pour une exposition complète de ce sujet, je renvoie à mes *Problèmes de psychologie affective*, p. 15 et suiv. (F. Alcan.)

lement : il serait chimérique de poursuivre une dissociation totale.

La tendance peut se décomposer théoriquement en deux moments; un phénomène moteur purement interne (contractions organiques, vasculaires, viscérales, etc.); une série de mouvements musculaires par qui elle entre en contact avec le monde extérieur et s'y adapte pour se satisfaire. Qu'elle soit inconsciente ou demi-consciente comme certains instincts, ou pleinement consciente et extériorisée, comme dans un acte volontaire, sa nature motrice reste évidente; il serait ridicule d'insister.

Mais ce qui précède n'épuise pas notre sujet. Outre les tendances qui sont le fond, il y a les manifestations superficielles, les *marques* propres, distinctives, caractéristiques de tous les états appelés affectifs : ce sont l'agréable et le désagréable, l'excitation et la dépression. Y a-t-il des éléments moteurs inclus en ces phénomènes?

La dépression et l'excitation ont des causes internes (organiques, trophiques), et des causes intellectuelles (sensations, images). On sait que beaucoup de nos sensations ont un ton affectif

particulier. Il y a des couleurs, des sons, des
contacts qui agitent, d'autres qui reposent. Les
psychologues-esthéticiens (J. Sully, Beaunis,
Vernon Lee, etc.), ont bien fait ressortir la
valeur et l'emploi de ce *feeling-tone* dans les
beaux-arts. Il produit en nous des attitudes qui
sont la réponse de l'individu aux impressions
variées. Le ton affectif vient de ce que la sensation
éveille des tendances actives qui sont une portion
de notre personnalité tout comme l'aptitude à
recevoir des impressions sensorielles.

Le plaisir et la douleur, en tant qu'états de
conscience, *sentir*, sont ce qu'ils sont, c'est-à-dire
indéfinissables. Mais on a cherché leurs *conditions* d'existence dans les mouvements. Ainsi
Judd. Pour lui, les sentiments « ne sont que
des phases de notre expérience qui dans leurs
caractères dépendent de l'accord ou du désaccord
des diverses tendances »; tant que les diverses
tendances vers l'action, présentes à un moment
donné, contribuent à une coopération mutuelle,
le ton de la conscience sera agréable; dès que
les tendances actives seront en conflit, il deviendra
désagréable. Le sentiment agréable est dû à une
harmonie des tendances motrices; le désagréable

à un défaut d'harmonie entre ces tendances. Ainsi « l'agitation (excitation) et le sentiment qui l'accompagne sont dus à des stimulus nouveaux pour lesquels nous n'avons pas de réponse naturelle[1] ».

Avant de conclure, notons une analogie.

Dans le précédent chapitre, on a fait remarquer que tous les états intellectuels contiennent des éléments moteurs, mais dissimulés par les sensations, les images et les concepts qui remplissent la plus grande partie de la conscience.

Il en est de même pour les états affectifs. Les émotions simples ou complexes ont leurs marques spécifiques qui les distinguent les unes des autres : la peur, de la colère; la joie, de l'amour, etc. Elles remplissent aussi la plus grande partie de la conscience. Mais dans les émotions violentes et les crises passionnelles, la tendance originelle affirme sa suprématie et sa puissance : sous sa secousse, la conscience se trouble et s'efface et l'état dominant devient moteur.

---

1. Judd, *Psychology*, p. 196 et suiv. Je doute que l'explication de Judd par la tendance motrice soit applicable à tous les cas de plaisir et de douleur physique, de joie et de tristesse; mais ce n'est pas le lieu de discuter cette question.

I

Il faut maintenant tirer de ce qui précède la conclusion utile pour notre hypothèse sur le substratum moteur de la vie inconsciente. Des états affectifs de toutes espèces, reste-t-il une portion *permanente*, analogue à ce que nous avons appelé le « squelette » des états intellectuels?

Pour répondre complètement à cette question, il est nécessaire de la scinder.

1° Pour les émotions primaires (colère, peur, attrait sexuel, etc.), la réponse est claire. Au fond, elles sont des instincts; elles sont innées, organisées, fixées dans l'individu, elles font partie de sa constitution. Lorsqu'elles sont en état d'inactivité, par conséquent hors de la conscience, elles restent des agrégats des dispositions motrices — impulsions ou inhibitions — adaptées à un but unique, qui est leur marque spécifique, leur *proprium quid*. Elles sont une permanence potentielle.

2° Les émotions de formation secondaire, acquises, plus complexes parce qu'elles sont

liées au développement intellectuel (ex. : sentiments religieux, esthétique, moral, etc.), leurs
éléments stables, leurs survivances inconscientes
doivent être de deux espèces : d'une part, les
éléments moteurs propres à chaque émotion
spéciale; d'autre part, les résidus des états intellectuels (sensations, images, concepts) qui entrent
dans leur composition.

Ceci suggère quelques remarques à propos de
la mémoire affective. On sait que plusieurs
psychologues hésitent à l'admettre. Il est permis
de supposer que cette attitude résulte de leur
nature mentale, qu'ils sont peu aptes à la reviviscence des sentiments comme d'autres à celle
des couleurs, des formes, des sons, des mouvements; en d'autres termes qu'il y a un type
affectif, analogue aux types visuels, auditifs,
moteurs.

Indépendamment de cette raison particulière,
il y en a une autre plus générale. Les images
affectives, même chez les mieux doués, sont pâles,
effacées en comparaison des images sensorielles;
ce qui, selon nous, s'explique par la prédominance de l'activité motrice et aussi par celle des
sensations organiques dont le coefficient de con-

science est, à l'état normal, extrêmement faible[1].

Finalement, quand un état affectif a disparu de la conscience que reste-t-il de lui : sous forme statique, c'est-à-dire comme possibilité de reviviscence; et sous forme dynamique, c'est-à-dire comme travaillant dans l'ombre?

En négligeant les éléments intellectuels qu'il contient, je crois qu'on peut répondre : Il reste des tendances isolées ou associées à d'autres — des possibilités de manifestations motrices déterminées. Mais il semble que ce qui subsiste de notre vie affective dans les ténèbres de l'inconscient, consiste surtout en influences vagues ou générales qui créent des dispositions au relèvement ou à l'abaissement de notre ton vital.

II

Au terme de cette rapide incursion à travers les sentiments, nécessaire pour la justification

---

1. On s'est demandé (Voir Angell, *Psychology*, p. 258) si les sensations organiques sont affectives ou cognitives. A mon avis, on peut répondre : elles sont l'un et l'autre : affectives par leur caractère plaisant ou pénible, excitantes ou déprimantes; cognitives parce qu'elles sont presque toujours accompagnées d'un état de connaissance, si vague qu'elles soient.

de notre hypothèse, une question se pose. Nous avons rejeté toute interprétation intellectualiste de l'insconscient parce qu'il est, de sa nature, en dehors des formes de la connaissance ; mais ne pourrait-il pas être interprété en termes de *sentiment*?

Je ne connais qu'une tentative de ce genre ; s'il y en a d'autres, on n'en a pas abusé. Telle me paraît du moins la thèse soutenue par Bazaillas dans son livre : *La musique et l'inconscient* où il cherche une explication dans « l'affectif pur » ; quelques passages choisis donneront une idée nette de sa théorie.

D'abord, son attitude est franchement anti-intellectualiste. « L'inconscient, dit-il, est une conscience à l'état pur, une conscience d'où la représentation s'est retirée » (p. 191). « Sa condition est végétative et irréductible à l'intellectualité » (p. 192). « L'inconscient est de l'irre-présenté ; il reste toujours une conscience affective, à l'état libre, détachée de tout schéma moteur » (p. 239). A la vérité, il écrit ailleurs : « Il est la vie des tendances, saisies à leur moment d'origine. »

M. Bazaillas signale aussi l'importance de la

logique des sentiments dans le développement du processus inconscient. « Il faut par delà le conceptualisme de la conscience distincte, admettre un dynamisme fondamental, peut-être réductible à quelques types principaux. « Les formations de la logique inconsciente ne s'organisent pas suivant la logique rationnelle; mais au-dessous d'elle. » La logique est une raréfaction des énergies, du dynamisme vital inconscient, elle est la suite continue des attitudes que prend en nous le principe de la vie affective » (p. 197).

Revenons à la question que nous avons posée. Elle est fort embarrassante : parce que, comme il a été dit plus haut, il est impossible de dissocier réellement l'activité motrice et la sensibilité affective.

Physiquement, le mouvement est primordial; mais dans la conscience, la motilité et la sensibilité apparaissent conjointes. Ce fait est nécessaire, puisqu'à l'origine de tout état émotionnel, il y a des tendances attractives ou répulsives.

Après cette remarque générale, voyons si l'affectivité peut fournir une base stable à l'inconscient sous sa double forme : statique et dynamique.

J'appelle inconscient statique celui qui conserve les éléments de notre expérience, ceux du moins qui se sont fixés, car beaucoup ne laissent aucune trace de leur passage, ou ne sont pas organisés.

J'appelle inconscient dynamique celui qui *travaille*, qui élabore dans l'ombre des combinaisons incohérentes ou adaptées, des inventions absurdes ou géniales. Cette forme ne diffère de l'autre à qui elle emprunte des matériaux, que par l'addition d'une activité créatrice dont les causes sont des sensations, des images, des états affectifs.

Mais les influences existantes ou déprimantes qui agissent sur l'inconscient, sont distinctes de l'inconscient lui-même. Il me semble donc qu'on est autorisé à conclure que sous la forme inconsciente les sentiments ne sont représentés d'une manière *stable* que par les tendances, c'est-à-dire par des mouvements. Mais les émotions spécifiques qui, dans la conscience, se distinguent l'une de l'autre, comme font les sensations, sont trop fuyantes pour être organisées; elles ne revivent que par l'effet des conditions motrices qui sont leur substratum.

Au fond, la « conscience affective pure » est moins un phénomène qu'un épiphénomène, — je veux dire une apparition sans durée et il serait téméraire de faire d'elle un principe de permanence.

III

Il nous reste à entreprendre la partie la plus difficile de notre tâche, qui est de justifier notre hypothèse en essayant de montrer qu'elle est supérieure, *comme moyen d'explication*, aux deux autres que nous avons rejetées.

Récapitulons les faits. Dans notre premier chapitre et au début de celui-ci, nous avons séparé, isolé les éléments moteurs inclus dans les états intellectuels, affectifs et dans les « attitudes » qui forment, selon nous, l'infrastructure de l'inconscient. Imaginons — ce qui est une pure chimère, mais qui pourra servir et fixer les idées — un être infiniment supérieur à l'homme, en vision et en compréhension. Pour lui, ce monde inconscient qui semble mort quand la conscience s'en est retirée, paraîtrait une masse de résidus kinesthétiques, isolés, groupés, associés suivant les expériences de la vie passée de l'individu, vides de contenu, mais étant les conditions nécessaires d'une reviviscence consciente.

Tel le botaniste relève une feuille morte dont il ne reste que le réseau parenchymateux qui en forme le squelette. Son imagination comble les vides, les remplit de cellules vivantes, de grains de chlorophylle qui la rendrait verte : elle redevient pour lui une feuille complète, d'une espèce déterminée, celle du chêne, du hêtre, du châtaignier. De même notre surhomme dans ces agencements moteurs, actuellement vides, pourrait replacer des états de conscience intellectuels et affectifs et opérer ainsi une restitution intégrale.

Laissons ces comparaisons pour examiner avec quelques détails si l'hypothèse motrice est conciliable avec le travail de l'activité inconsciente. La question présente deux aspects :

Le premier aspect est celui de la simple *conservation*, c'est le problème de la mémoire. Je ne m'y arrête pas. Après tout ce qui a été écrit sur ce sujet, il reste encore beaucoup d'obscurité. Toutefois, si à la conception ancienne de réservoir, de dépôt, de magasin conservant des états de conscience tout faits, on substitue, comme bases de la mémoire, des dispositions fonctionnelles résultant d'une répétition des expériences, le passage de l'inconscient à la conscience s'explique assez facilement par l'hypothèse kinesthétique.

Le second aspect est celui de l'*invention* qui est beaucoup plus embarrassante, car elle suppose, sans conscience, un travail qui semble dévolu à la conscience exclusivement : connaissance, choix, adaptation.

Remarquons d'abord que dans cette élaboration souterraine, il convient de distinguer deux formes principales, suivant que, par sa nature, elle dépend de la logique rationnelle ou de la logique des sentiments.

1° Je comprends dans le premier groupe la solution juste de problèmes scientifiques, les inventions mécaniques, les découvertes utiles, l'ordre et la clarté mis dans des questions pratiques ou autres que la réflexion consciente avait laissées obscures et embrouillées[1].

1. Je ne cite aucun fait parce qu'ils sont trop connus, trop nombreux. On les trouve partout notamment dans Jastrow, *La Subconscience*. (F. Alcan.)

Ceci s'explique sans trop de peine par un mécanisme d'habitude. Ce travail repose sur une base solide, sur un fond d'expériences et d'essais antérieurs faits avec conscience; il est spécialisé suivant la nature d'esprit et le savoir de l'individu. Je ne connais aucun exemple d'un ignorant en mathématiques ou en affaires chez qui une solution heureuse aurait brusquement surgi. Malgré la prédilection de certains auteurs pour les cas rares et d'une authenticité douteuse, l'invention inconsciente n'opère que sur un terrain déterminé d'avance.

De plus, si l'on considère que la logique rationnelle est un mécanisme rigoureux; qu'un mécanisme est, au fond, un agencement de mouvements adaptés; que toute association d'idées repose sur une association de mouvements (comme nous l'avons montré dans le premier chapitre) on sera moins disposé à s'étonner devant la logique créatrice inconsciente. Il convient aussi de remarquer que, dans ces opérations, le choix n'est pas toujours nécessaire. Le déterminisme logique du raisonnement et des associations suffit. A l'état de conscience, chez un raisonneur exact, la marche naturelle de l'esprit suit son cours : le travail de sélection est plutôt négatif; il consiste à exclure de la conscience tout ce qui entrave ou retarde la suite rigoureuse des déductions et inductions.

Il faut remarquer aussi que, comparées aux nombreuses combinaisons motrices (sans conscience) qui doivent se produire selon notre hypothèse, les cas *heureux*, c'est-à-dire organisés, systématisés sans l'intervention de la conscience, doivent être très peu nombreux; et puis on est plus frappé d'un cas qui réussit que de cent qui aboutissent à un échec.

2° Je comprends dans le deuxième groupe les créations qui dépendent surtout des sentiments et de l'imagination; littérature, beaux-arts, inspirations religieuses et, à un niveau moins élevé, les inventions romanesques ou triviales qui se révèlent dans les rêves. Cette forme de l'activité inconsciente a été souvent entourée de mystère, quelquefois traitée avec une révérence qui confine à l'apothéose. W. James insinue « qu'elle pourrait bien être un lien entre le divin et l'humain ». Myers qui a très bien décrit le processus de « l'inspiration » envahissant la conscience à l'improviste, semble lui assigner un caractère surnaturel.

En réalité, ces manifestations de l'inconscient régies par la logique du sentiment, sont plus faciles à comprendre et à expliquer. A l'origine il y a un état affectif très général, très vague, excitant ou déprimant, — impression joyeuse ou tristesse. Il suscite des associations et combinaisons par affinité *affective* entre des états qui sont eux-mêmes liés à des mouvements. Mais ces combinaisons ne sont pas astreintes à un rigoureux déterminisme; elles sont plus libres et, par suite, elles ont plusieurs manières de réussir, tandis que la systématisation selon la logique rationnelle n'en a qu'une. Suivant une très juste observation de Peirce, ces apports brusques de l'inconscient dont on ne remarque ordinairement que les grands résultats se produisent à chaque instant sous des formes très simples; mais le processus reste le même :

« Comment, dit-il, ces irruptions dans la conscience naissent-elles? Remarquons d'abord que les matériaux de notre vie psychique entrent, bien plus nombreux qu'on ne le suppose, dans notre conscience sous un aspect étranger. Nos brillantes reparties, nos saillies humoristiques, nos façons neuves de prendre les choses, la fin de nos phrases ayant une tournure que le commencement n'aurait jamais fait soupçonner : tout cela et une infinité d'autres expériences journalières, prouve l'abondance de l'activité verbale travaillant quelque part, en dehors des limites de la conscience... On voit donc que ce que nous avons à expliquer, ce ne sont pas seulement les inspirations du génie, mais tous les apports inattendus de toute espèce, mais les envahissements pacifiques de la conscience pour une création heureuse, quelque simple qu'elle soit[1]. »

1. A. Peirce, *An appeal from the prevalent doctrine of a detached subconsciousness*, étude remarquable publiée avec d'autres mémoires, dédiée au Prof. Garman par ses élèves américains, sous le titre « Studies in Philosophy and Psychology », in-8, New-York, 1906. L'auteur a soumis à une critique très vive les théories en vogue. La plupart de leurs partisans ont oublié cette règle de méthode scientifique : qu'il ne faut pas faire d'hypothèses inutiles; mais tâcher au contraire de ramener aux faits connus; qu'il faut toujours chercher l'explication la plus simple, les analogies les plus naturelles; que la loi de parcimonie est valable pour la psychologie comme pour les autres sciences. Or on a « scandaleusement » enfreint toutes ces règles pour user des interprétations les plus dramatiques. Ce qui a fait la fortune de ces doctrines, c'est qu'elles établissent une continuité entre la conscience primaire et la conscience secondaire (subconscient). On a essayé d'expliquer l'inconnu par un appel à l'inconnaissable. Il faut

Pour nous faire quelque idée de ce qui se passe dans cette masse en apparence inerte qu'on nomme l'inconscient, nous sommes obligés de traduire en termes de conscience ou du moins de « subconscient, c'est-à-dire conjecturer et dénaturer ». Cependant il y a des analogies probables entre certaines formes de l'activité psychique et l'activité latente de l'inconscient.

Ainsi dans les rêves, le rapprochement paraît d'autant plus justifié qu'on peut également les répartir en deux catégories principales suivant qu'ils sont plutôt rationnels ou plutôt imaginatifs.

Les uns, coordonnés et suffisamment cohérents, se développent autour d'une idée, d'une personne, d'une chose, d'un événement. Il faut aussi tenir compte du schématisme que la conscience au réveil impose, à la masse mobile et flottante des représentations. On peut donner comme exemple le fameux rêve de l'assyriologue américain qui aboutit à la solution d'un pro-

étendre le point de vue psychophysique, revenir à une interprétation physiologique, à celle qui a réussi pour les aphasies et diverses formes de folie; c'est une explication en termes du connu ou du moins du connaissable. (*Loc. cit. passim.*)

Nous avons transcrit ces passages que nous acceptons complètement. La *position* que nous avons prise dans ce travail est la même que celle de Peirce.

blème épigraphique, mais au milieu d'un décor qui ressemble à une mise en scène d'opéra bien réglée[1].

Les autres, les plus nombreux, sont exubérants, extravagants, en état de changement perpétuel au gré des influences organiques ou émotionnelles. La facilité avec laquelle ces rêves s'effacent le plus souvent — à ce point qu'on ne se rappelle que ceci, qu'on a rêvé — montre qu'à travers la subconscience, on entrevoit le travail de l'inconscient. Combien de solutions et de créations restent enfouies, incapables d'entrer dans la conscience faute de conditions d'existence qui échappent à notre ignorance.

Il y a des formes de maladie mentale, telles que la manie, qui, par le flux incoordonné des représentations et l'excès des manifestations motrices, rappellent le tableau des processus inconscients tracé par Messer : « J'admets, dit-il, que les processus psychiques sous-jacents à une pensée explicitement formulée, peuvent suivre

1. Ce rêve a été rapporté un peu partout, notamment dans Jastrow, *loc. cit.*, chap. VII.

leur cours sous toute sorte de formes abrégées, se télescopant l'une l'autre et faisant plusieurs appels à l'énergie psychologique emmaganisée. » Les aliénistes ont étudié la folie anatomiquement et physiologiquement, s'approchant ainsi des bases de la vie inconsciente; mais chez eux, on trouve peu à glaner. A la vérité ils admettent une abdication des centres supérieurs qui, par défaut d'impulsion ou d'inhibition, favorise l'activité automatique; mais ceci n'a qu'un rapport indirect avec notre sujet. Par contre, les formes demi-morbides qui sont les « frontières de la folie », ont été étudiées avec un zèle infatigable; mais au jugement même des auteurs les plus accrédités, ces phénomènes se rattachent à l'activité subconsciente que nous distinguons soigneusement de l'inconscient pur. Les idées fixes méritent une mention spéciale. Par leur stabilité, elle semblent plonger leurs racines dans les profondeurs de l'inconscient. De plus, étant essentiellement agissantes, positivement ou négativement (par arrêt), elles sont au fond des représentations motrices, donc constituées par ce qui, selon notre hypothèse, est la structure fondamentale de l'activité inconsciente.

4.

IV

Notre investigation serait incomplète si nous laissions dans l'oubli l'invention de quelques psychologues : celle d'un *moi inconscient*. Ce terme et la conception qu'elle implique sont abusifs et inacceptables. Le moi, la personne, est tout un composé d'éléments constamment variables, mais qui, dans leur perpétuel devenir, conservent une certaine unité. Or, on ne trouve rien de semblable dans ce prétendu moi : aucun principe d'unité, tout au contraire une tendance à la dispersion et à l'émiettement.

La conscience est soumise à la loi de la succession; son champ est très restreint; il ne peut contenir à la fois qu'un très petit nombre d'états simples dans le présent (6 ou 8 au plus, d'après les expériences des psychophysiciens). L'activité inconsciente est affranchie de cette nécessité. Rien n'empêche en elle une simultanéité de processus distincts, étrangers les uns aux autres, évoluant chacun pour son compte et dont les procédés sont différents.

Il y a les abréviations. L'activité insconsciente procède par sauts et par bonds, n'étant pas assujettie à la marche méthodique de la pensée réfléchie et, malgré tout, par chance, arrive quelquefois au but. Au reste, les esprits géniaux et prime-sautiers font de même; ils ne suivent pas toujours les procédés lents de la déduction ou de l'induction; ils brûlent les étapes; ils s'élancent de cime en cime, franchissant les intervalles. Leur activité consciente est soutenue par l'autre qui peut traverser les moyens termes sans exiger du temps.

Il y a les interférences, c'est-à-dire des associations et combinaisons motrices, très distinctes, agissant simultanément, qui se heurtent, se choquent, s'entravent, s'annihilent ou déterminent des changements de direction.

Il y a les emboîtements par qui un ensemble de représentations motrices en enveloppe un autre, l'engloutit ou le détruit partiellement et s'assimile quelques débris.

Enfin, il y a encore d'autres processus que nous pouvons à peine soupçonner.

En somme, ce soi-disant moi est un bloc fruste, fait d'éléments et de mécanismes moteurs.

Quand il entre en activité, c'est un orchestre, sans chef qui le dirige.

On n'a pas fait un portrait flatteur de ce « moi » inconscient. « Sa nature fondamentale, écrit B. Sidis, c'est une extrême plasticité. Il manque de personnalité, il est anti-personnel ou impersonnel, et dans les cas où il atteint le niveau de la personnalité, il est instable, changeant, en proie à de perpétuelles métamorphoses ; il est stupide, sans critique, extrêmement crédule, dénué de toute moralité. Il se révèle dans les commérages de société, la panique des foules, les agissements de la populace. Il est essentiellement brutal, et son seul mécanisme mental est celui de la brute — l'association par contiguïté[1]. »

En vérité, malgré ce réquisitoire, on pourrait tout aussi justement lui attribuer les vertus et qualités contraires. L'inconscient varie d'homme à homme comme le caractère.

Bazaillas qui, comme Sidis, admet « un vrai moi inconscient », « une personnalité incon-

1. *Psychology of suggestion*, p. 293 et suiv. On remarque combien la pensée de l'auteur est vacillante. De plus il n'établit aucune distinction saisissable entre l'inconscient vrai et la subconscience.

sciente », n'est pas beaucoup plus indulgent. Il l'assimile à la vie purement affective et mieux encore, à un type de conscience animale : il fait remarquer avec raison que sa psychologie est très simple, élémentaire.

En dépit de ces tentatives, l'inconscient n'est qu'une fraction de notre personnalité, rien de plus; mais il reste en lui un fond impénétrable. Ce fait, — de quelque façon qu'on l'explique — qu'il y a en nous une vie souterraine qui n'apparaît qu'en passant et jamais totalement, est d'une grande portée; c'est que la connaissance de nous-même (γνῶθι σεαύτον) n'est pas seulement difficile, mais *impossible*. Pour en expliquer la difficulté, on a allégué des raisons morales (influence des passions, faiblesse de la volonté), des raisons intellectuelles (insuffisance du jugement, pauvreté des facultés logiques, irréflexion). Tout cela est remédiable. Mais ce qui ne l'est pas, c'est l'incapacité absolue de connaître notre individualité intégralement et d'en être certain. Ce précepte se heurte donc contre une impossibilité psychologique; son idéal est inattingible et ne peut être qu'une approximation — mais ceci est l'affaire des moralistes.

V

Pour terminer, il reste à traiter une question que jusqu'ici j'ai volontairement écartée; c'est le rapport entre la « cérébration inconsciente » et notre hypothèse sur la nature de l'inconscient fait de représentations motrices potentielles ou actuelles. On sait que ce terme a été choisi vers le milieu du siècle dernier par quelques physiologistes (Laycock, Carpenter, etc.) qui méthodiquement et avec de nombreuses observations à l'appui ont éclairé cet aspect de la vie psychique entrevu et décrit trop vaguement avant eux.

Puis, ce terme s'éclipse devant un nouveau — la subsconscience — qu'on applique à beaucoup d'états anormaux, tels que le somnambulisme, l'hypnotisme, l'écriture et la parole automatiques, le dédoublement de la personnalité et bien d'autres encore.

Mais, comme le fait remarquer Peirce (art. cité, p. 325) la subsconscience n'est pas seulement une manifestation psychique, elle n'existe que par des conditions cérébrales. Myers lui-même, assez enclin au mysticisme, la définit : « une cérébration au-dessous du seuil ordinaire de la conscience ». Tout le monde est d'accord sur ce point. Les auteurs ne diffèrent qu'en ceci : pour les uns, comme Pierre Janet, la subconscience est une hypothèse servant à l'explication et à l'interprétation des faits observés; pour d'autres, comme W. James, elle est une réalité. Ils admettent donc deux consciences : l'une primaire, l'autre secondaire, « détachée », mais qui l'une et l'autre sont de la conscience.

Au-dessous est la cérébration inconsciente, au sens strict. Cette dénomination doit être précisée.

L'activité cérébrale, sans accompagnement de conscience, a deux formes.

L'une est étrangère à la psychologie ou du moins sans rapports directs avec elle. On sait que le cerveau a de l'influence sur la nutrition, la circulation, la digestion et autres actes de la vie végétative, sur les mouvements automatiques, réflexes, etc.

L'autre forme a une valeur psychologique; mais quels sont les caractères qui la distinguent, puisqu'elle aussi est dépourvue de conscience?

Distinguons, comme on le fait actuellement, la structure et la fonction.

Dans sa structure, la cérébration inconsciente est constituée par des résidus psychiques; elle est composée d'éléments isolés ou associés *qui ont été autrefois des états de conscience* : telles les habitudes acquises, la survivance de notre vie écoulée. Elle est une activité du second moment, la répétition sans conscience de ce qui a dû être jadis accompagné de conscience. C'est *de la conscience éteinte, figée, cristallisée dans ses éléments moteurs*.

Dans sa fonction, elle ne diffère de l'activité consciente que par les caractères que nous avons énumérés précédemment et dont le principal est le manque d'ordre et d'unité.

Ici pourtant une objection se présente qu'on peut opposer à notre critérium. Pour des raisons que je donnerai plus loin, j'aurais pu me dispenser de discuter cette critique possible. Je me bornerai à l'essentiel.

Des psychologues éminents, notamment Wundt, soutiennent que tous les mouvements, même automatiques et réflexes, ont été à l'origine accompagnés de quelque conscience. Si l'on admet cette thèse, le caractère que nous attribuons à certains éléments kinesthétiques, matière de l'activité inconsciente, cesseront de leur appartenir en propre.

L'examen détaillé de cette hypothèse serait beaucoup trop long et ne peut être tenté.

On sait que l'existence d'une conscience rudimentaire dans les réflexes et les tropismes a été affirmée par les uns, niée par les autres. On a produit un très grand nombre de faits et d'expériences sans arriver à une conclusion ferme. En général, les physiologistes soutiennent le mécanisme pur, mais il faut reconnaître que l'addition d'un élément psychique n'est pas inacceptable.

De même pour les instincts, quoiqu'on soit plus disposé à admettre une psychologie, au moins pour les formes complexes.

Dans les mouvements d'ordre supérieur : — les désirs, les aversions et autres qui expriment des émotions, ceux qui font partie intégrante de l'exercice de nos sens, toutes les formes de notre activité réfléchie et volontaire — l'obscurité se dissipe et le rôle de la conscience devient appréciable.

La psychologie génétique, dit-on, ne peut pas admettre que ces processus qui sont devenus des mécanismes inconscients chez les animaux supérieurs et chez l'homme, ont toujours été tels. On emploie des arguments téléologiques : la conscience a sa raison d'être dans son utilité ; elle est un instrument de choix ; elle permet une adaptation ; mais quand cette adaptation est fixée, consolidée, parfaite, elle devient inutile, quelquefois nuisible, et conséquemment disparaît.

En admettant la « loi de récapitulation » qui veut que l'évolution de l'individu soit une répétition abrégée de celle des espèces, on peut supposer, s'il plaît, que les mouvements automatiques, réflexes et instinctifs ont été conscients au début de la vie et pendant quelque temps. C'est une hypothèse que rien ne contredit, mais dont on n'a encore donné aucune preuve.

Dans l'homme et les animaux supérieurs, le développement toujours croissant du cerveau a confisqué à son profit, peu à peu, les fonctions dévolues à des centres inférieurs chez les représentants plus humbles de l'animalité. De plus, si l'on remarque que (d'après les recherches anatomiques de Flechsig et autres) l'association entre les diverses zones de la couche corticale ne se fait pas d'emblée, qu'il n'y a pas, au début, les conditions stables d'une unité psychique, on n'est guère autorisé à accorder une grande valeur à ces consciences éphémères, s'il y en a.

Au reste, si l'on adopte l'hypothèse d'une conscience primordiale, éphémère, tôt éteinte, cela est pour nous d'une faible importance; car il resterait toujours une différence notable entre un inconscient qui n'a qu'une valeur organique et la cérébration inconsciente qui a une valeur psychologique. Celle-ci, dont le travail latent combine et crée à sa façon, diffère de l'autre par ses matériaux qui sont les éléments moteurs des sensations, des représentations, des émotions et de toutes les formes de l'activité intellectuelle et volontaire. *Ces matériaux ne sont pas une conscience éteinte, mais les conditions permanentes d'une restitution de la conscience intégrale.*

Finalement, si nous comparons les deux modes d'inconscient, l'un est une formation primaire devenue organique; l'autre est une formation secondaire, organisée, c'est-à-dire faite non d'éléments amorphes et isolés, mais d'associations et de combinaisons, résultats des survivances de l'expérience individuelle.

*
* *

En terminant, je tiens à rappeler que j'ai traité un problème unique et nettement circonscrit : la nature psychologique de l'inconcient pur.

Les manifestations de la vie subconsciente, si curieuses qu'elles soient, m'ont paru sans profit pour notre problème et peu aptes à l'éclairer. Je les ai omises.

Encore plus les fantaisies métaphysiques, écloses depuis Hartmann, les unes mystiques, les autres naturalistes : l'assimilation de l'inconscient à la vie végétative à une « survivance » qui a cédé la place à une rivale mieux armée.

Prenant comme point culminant de la conscience claire l'état d'attention intense, concentrée, donnant la plénitude de la connaissance, on peut, par des affaiblissements successifs, parcourir des degrés dont nul ne fixera le nombre (conscience moyenne, conscience marginale, états crépusculaires)[1]. Quels qu'ils soient, en

1. B. Sidis (ouv. cité, p. 200), il prétend établir que quatre niveaux de conscience à marche ascendante qu'il caractérise

descendant dans une obscurité toujours croissante, on arrive à un moment où les psychologues
se divisent en deux camps.

Les uns admettent la persistance d'une conscience infinitésimale et imperceptible : nous
avons eu l'occasion de montrer les contradictions
internes de cette supposition.

Les autres rejettent cette assertion théorique
et sans preuves; ils admettent un moment où la
conscience est devenue zéro. Ils pensent « qu'on
ne peut pas plus emmagasiner un processus
psychique disparu que la flamme d'une bougie
éteinte » (Pierce).

Pour nous, ce qui persiste, c'est la portion
kinesthétique des états de conscience — les
représentations motrices — parce que l'obser-
tion montre que les phénomènes moteurs ont,
plus que tous les autres, une tendance à s'orga-
niser, à se solidifier. *L'inconscient est un accu-
mulateur d'énergie*; il amasse pour que la conscience puisse dépenser.

en termes très vagues : moment de contenu, moment de conscience, synthèse de reproduction, synthèse de reconnaissance.

CHAPITRE III

LE PROBLÈME DE LA PENSÉE SANS IMAGES ET SANS MOTS

Si l'on écarte les spéculations intéressées de quelques métaphysiciens, le problème de la pensée sans images du point de vue strictement psychologique est très récent et a été traité par très peu d'auteurs entre lesquels le regretté Alfred Binet est au premier rang.

Comme il est loin d'être bien éclairci, il nous a semblé utile de le reprendre, à notre tour, pour essayer d'en déterminer la valeur et les limites.

1. Bourdon, dans le très bon exposé critique qu'il a fait des *Recherches expérimentales sur l'intelligence*, de Binet, dans la *Revue Philosophique*, 1904, t. I, p. 113, reproche à cet auteur l'emploi du mot pensée dans un sens imprécis, sans détermination. D'ailleurs, il rejette la supposition d'une pensée sans images qui ne serait qu'une « connaissance confuse comme nous en avons de beaucoup de choses ».

I

Quelques remarques préliminaires me paraissent indispensables.

Le terme pensée est de la langue courante et comme tel, vague. On ne l'a guère déterminé que d'une manière négative en disant qu'elle est la forme supérieure de la connaissance, de la vie intellectuelle; celle qui apparaît la dernière au cours de l'évolution de l'individu et des espèces.

Le terme idéation n'est en usage que dans la langue scientifique de quelques psychologues. Moins vague, il a pourtant le défaut de ne paraître désigner que la formation des concepts, des notions générales et abstraites.

La pensée est la forme supérieure de la connaissance superposée aux perceptions sensorielles et à l'association spontanée des images; mais, marquer sa place dans l'activité intellectuelle totale, n'est pas déterminer sa nature.

Pour éviter toute équivoque, il faut d'abord fixer le sens du mot pensée. C'est un terme général qui peut se résoudre en des termes plus concrets tels que juger, raisonner, combiner, calculer, etc.

Toutefois, cela ne nous instruit guère. Un procédé plus rigoureux, plus scientifique, c'est de la caractériser d'après son mécanisme propre et d'après ses résultats.

L'activité de la pensée, de la connaissance, me paraît réductible à deux opérations fondamentales : l'analyse, la synthèse. Elle dissocie, sépare ou elle associe, réunit.

1° La dissociation est provoquée par la nature même des choses et des événements. Dans notre expérience de tous les moments, une qualité quelconque (par exemple la blancheur) nous est donnée comme coexistante avec d'autres qualités très différentes et très variables. Par suite, il s'établit une disjonction, une séparation dont l'effet est de lui conférer une sorte d'existence quasi indépendante. C'est le début de l'abstraction. Nous n'avons point à retracer le développement ascendant de la faculté d'abstraire, allant des images génériques aux formes inférieures, puis moyennes, puis supérieures où il n'y a plus dans la conscience qu'un signe qui recouvre un savoir potentiel qui peut être ramené dans la conscience et dont il tire toute sa valeur. A chaque stade de cette évolution, la faculté d'abstraire affirme de plus en plus sa nature essentielle qui est d'être un instrument de *simplification* impossible sans elle[1].

2° L'activité synthétique consiste dans la perception ou la découverte des *rapports* : c'est là son œuvre principale. Cette notion, étudiée pendant longtemps par les logiciens seuls, n'a été traitée qu'assez récemment comme fait psychologique. James a grandement contribué à la mettre en relief. Le rapport est un état de conscience secondaire qui dépend entièrement de la coexistence de deux ou plusieurs états de conscience primaire. Il n'existe que par eux et disparaît sans eux. Il est surajouté par un acte de la pensée[2].

Dans cette forme de la connaissance, il n'y a pas seulement des données sensorielles ou leurs

1. Nous avons essayé dans notre livre *L'Évolution des idées générales*, de déterminer avec précision et par des faits les principales étapes de cette marche ascendante et de leur assigner des marques *objectives* : chap. II, III et IV.

2. Baldwin, *Dictionary* s. v. *Relation*. « Lorsqu'un attribut d'un objet A par sa nature intrinsèque qualifie aussi un autre objet B, de telle façon qu'il ne peut être conçu comme existant indépendamment de B, cet attribut est dit être un rapport entre A et B. »

représentations, mais aussi quelque chose qui n'est qu'un aspect très fractionnaire, un abstrait qui sert à comparer ; il y a un *tertium quid* qui est la conscience d'un rapport. *Objectivement*, si l'on peut appliquer ce terme à un état de conscience de cette espèce, vide de tout contenu propre, le rapport semble avoir pour *substratum* des mouvements ou des représentations motrices.

J'ai soutenu ailleurs (ouvrage cité, chap. IV) cette opinion en m'appuyant surtout sur les données du langage. Plus récemment, Washburn a émis une opinion analogue ; il attribue au rapport une nature kinesthétique « qui le rend indécomposable et inanalysable ».

Quoi qu'il en soit, cette forme de l'activité intellectuelle est la seule qui synthétise et unifie dès qu'on s'élève au-dessus de l'association pure et simple.

La conscience ou appréhension des rapports a aussi ses degrés. L'enfant qui en regardant deux maisons découvre en sus qu'elles sont contiguës ou séparées dans l'espace, que l'une est plus grande et l'autre plus petite, *pense* des rapports. Dans les espèces animales, il y en a qui semblent capables de telles découvertes à en juger par leurs actes.

En suite de son développement intellectuel, l'homme s'élève par une marche ascendante à constater des rapports qui s'éloignent de plus en plus des formes élémentaires de la connaissance, jusqu'à des hauteurs inaccessibles au plus grand nombre.

Ainsi apparaissent les rapports contingents (moraux, sociaux, esthétiques, etc.), les rapports fixes (logiques, mathématiques et autres propres aux sciences exactes). En résumé, les deux fonctions fondamentales, qui, selon nous, caractérisent la pensée en opposition aux autres formes de la connaissance sont : l'une préparatoire, l'abstraction; l'autre, constructive, la synthèse par rapports : contraires l'une de l'autre, elles sont interdépendantes l'une de l'autre.

1. Pour la conscience d'un rapport, il est nécessaire non seulement que le contenu présenté soit en rapport avec quelque chose, mais aussi que cette relation soit elle-même un objet de conscience.

*
* *

Cette activité analytique ou synthétique aboutit
à un jugement. C'est l'expression naturelle et
directe de toutes les formes de la pensée des
simples aux plus complexes et aux mieux ordon-
nées. La théorie du jugement a été depuis quelque temps l'objet de publications importantes
qui l'ont renouvelée. Rompant avec le forma-
lisme de la logique traditionnelle quelques
auteurs (Marbe, Höffding, Baldwin, Titchener,
l'École de Wurzburg, etc.) ont étudié le jugement en psychologues, comme manifestation
vivante, concrète, se préoccupant assez peu de
ses modalités et catégories (affirmatifs, négatifs,
analytiques, synthétiques, hypothétiques, dis-
jonctifs, etc.).

Cette position nouvelle a désorienté les logiciens purs qui l'ont appelée le psychologisme et
l'ont vivement critiquée. Ce débat n'importe
pas ici. Marbe, dans son livre *Experimentelle
Untersuchungen über das Urteil* (1901), est, à
mon avis, l'auteur qui a déterminé de la façon la
plus claire et la plus satisfaisante ce qu'est l'acte

de juger dans sa nature essentielle, et je me rallie pour ma part à son explication : j'en présente le résumé.

« Ce qui fait le jugement, c'est le rapport de l'état mental avec son objet. Ce rapport doit être tel que l'état mental concorde complètement avec cet objet, et l'homme qui juge émet intentionnellement cette concordance. L'état, qui est un jugement, diffère de l'état qui ne l'est pas en ce que le premier est orienté vers une fin qui est la concordance avec l'objet auquel il se rapporte. Cette finalité est l'*essentiel* du jugement et elle n'a pas besoin d'être constatée pour exister : ce qui explique pourquoi l'observation subjective ne révèle pas ce qui transforme l'état de conscience simple en jugement : c'est que le jugement énonce un rapport entre l'état de conscience et son objet et, par suite, ce rapport ne peut être trouvé dans l'analyse psychologique de l'état de conscience[1].

Par suite de son développement naturel, l'activité pensante, le jugement, se différencie, se dégage peu à peu des présentations et des

1. Toutefois, nous ferons remarquer qu'il ne faudrait pas oublier qu'à l'origine, le jugement (les enfants, les primitifs) est un acte affirmatif ou négatif c'est-à-dire, un *état moteur*, plutôt qu'une connaissance.

représentations qui l'enveloppaient comme dans une gangue pour devenir la forme supérieure de la connaissance.

En résumé, le jugement est une représentation modifiée par l'intervention d'un facteur personnel. Hormis les jugements fixés par l'habitude, stéréotypés, il exprime l'attitude actuelle de l'individu en face des objets et des événements.

*
* *

Quelques auteurs (Titchener, Kostyleff) ont reproché à ceux qui ont étudié la pensée, d'avoir omis, négligé ou à peu près, toute recherche sur ses bases physiologiques.

La tâche serait difficile et on peut se demander si l'anatomie et la physiologie, dans leur état actuel, pourraient fournir des indications de quelque valeur.

Arrêtons-nous quelques instants sur ce problème ; en ce qui concerne les sensations, la conservation et la reproduction des images, le progrès qui s'accentue à mesure qu'on s'élève des animaux simples jusqu'à l'homme adulte, dépend de conditions physiques déterminables.

On l'attribue généralement au développement du cerveau, non seulement comme masse, mais dans la variété et la richesse de ses agencements. On insiste sur la possibilité d'associations multiples, irradiant en tous sens, qui mettent en relation des régions du cerveau fort différentes les unes des autres dans leur nature et leurs fonctions, étrangères les unes aux autres. Conformément à cette doctrine, on doit être disposé à admettre que l'activité supérieure de l'intelligence suppose aussi des conditions supérieures : une coordination supplémentaire qui vient s'ajouter au cours de l'évolution. Car il convient de remarquer que les interprétations anatomiques et physiologiques sont le plus souvent guidées d'après un schéma psychologique et calquées sur lui bien plus que sur l'observation directe, immédiate, de la substance cérébrale qui, par la complexité de son organisation, reste parfois très embarrassante et très obscure.

Mais, cette explication même serait incomplète si on la limitait à une fonction d'unification supérieure, d'adaptations de plus en plus nombreuses, car la pensée n'a pas seulement une mission d'ordre, elle transforme, elle crée, elle élabore, et son activité dissocie autant qu'elle associe. Une de ses opérations essentielles est l'abstraction, et abstraire est séparer, diviser.

Sur les conditions physiologiques d'existence de la pensée, on pourrait aussi interroger la pathologie. Il ne manque pas de cas où le déficit partiel à divers degrés des formes supérieures de l'intelligence est manifeste : les idiots, les imbéciles, la démence sénile, la confusion mentale, les psychasthénies, etc., en sont des exemples très connus. Certes, les indications anatomiques ne manquent pas sur ce point, mais la détermination fonctionnelle est beaucoup plus vague et c'est elle qui importe pour la psychologie. Selon l'opinion de Ferrier, adoptée par beaucoup d'auteurs, la région frontale serait intellectuelle; elle serait surtout sous forme d'inhibition la régulatrice de l'attention. Mais cette hypothèse, fut-elle établie solidement, serait encore une explication trop générale : car l'attention est une disposition, une attitude qui s'applique à toutes les formes de l'activité mentale.

La loi de dissolution, qui régit la biologie tout entière, fournirait — s'il en était besoin, — une nouvelle preuve de la position privilégiée de l'activité pensante, en dehors et au-dessus des autres formes de la connaissance. Comme elle apparaît la dernière dans l'évolution ascendante de l'individu, elle disparaît la première : c'est elle qui, tout d'abord, subit l'assaut destructeur de la décadence.

II

Après ce préambule un peu long, mais qui m'a paru nécessaire, nous abordons l'examen critique des faits présentés comme preuves de la pensée sans images.

Celui qui a soutenu le plus hardiment, et sans aucune restriction la thèse de la pensée pure, est Stout dans son *Analytic Psychology*. « Ce n'est pas une absurdité, dit-il, de supposer un mode de conscience représentative (*presentational*) qui n'est pas composé d'expériences visuelles, auditives, tactiles et autres, dérivées des sens spéciaux et leur ressemblant comme qualité à quelque degré; et il n'est pas absurde de supposer que de tels modes de conscience

possèdent une valeur représentative et une signification pour la pensée. » Cette affirmation purement théorique n'est pas appuyée par des faits
d'observation psychologique.

Binet a traité notre sujet dans un chapitre de
son livre *Étude expérimentale de l'intelligence*,
et dans un article spécial (*Revue Philosophique*,
1903, I, p. 138). Il appuie ses conclusions sur
des observations faites par lui sur ses deux filles :
elles consistent en ceci.

Il choisit un mot, le sujet doit dire ce que ce
mot inducteur, entendu ou lu, évoque dans sa
conscience : image, association ou idée.

Éliminant les réponses qui n'ont pas de
rapport direct avec notre question, Binet distingue deux cas.

1° Ceux où il n'y a que des débris vagues
d'images.

2° Ceux où il n'y a rien.

Remarquons d'abord que ces deux cas sont
totalement différents. Dans l'un, l'imagerie est
pauvre, mais elle existe ; dans l'autre, elle n'existe
pas, elle est néant. Les deux cas diffèrent donc
non en degré, mais en nature.

Les expériences de Binet relatives à notre

sujet sont peu nombreuses et nullement con-
cluantes.

Je prends comme exemple la plus claire.

Binet prononce le nom du voiturier de sa
campagne, sa fille déclare n'avoir eu dans l'esprit
rien que le mot. Notre auteur y voit un cas de
pensée sans image; moi, j'y vois simplement
une absence de pensée.

Éclaircissons par une analyse : il n'y a que
trois évocations possibles.

1° Représentation visuelle du voiturier et rien
de plus.

2° Avec cette représentation ou sans elle, la
vision d'une voiture, d'une route, d'un pay-
sage, etc., c'est-à-dire, l'effet du mécanisme de
l'association qui est un acheminement vers la
pensée.

'La représentation d'une excursion en voiture
dans un lieu agréable ou quelque chose d'analogue. Ceci est la pensée, puisque le sujet dispose
ses états de conscience suivant des rapports de
causalité et de finalité : il y a un enchaînement
de représentations modifiées par l'activité
de l'individu, portant la marque de son adaptation actuelle et de son attitude momentanée.

Dans le cas de Binet, je ne découvre qu'une perception auditive, une absence de pensée, ce qui est très différent d'une pensée sans images.

On a cité les « attitudes » comme des cas de pensée sans images. Ach, dans son livre sur *La Volition et la Pensée* (1905), a compris sous ce titre un état général qu'il nomme la mise en garde : la surprise, l'hésitation, le doute, etc. Cette opinon ne me paraît guère acceptable.

Dans un travail antérieur, j'ai étudié assez longuement la nature des attitudes en vue d'établir qu'elles sont des manifestations non de la vie intellectuelle, non de la vie affective, mais de l'activité motrice. La mise en garde est une attention, une attente dirigée vers des événements ; l'hésitation est une fluctuation de mouvements, le doute une inhibition, la surprise une sorte de paralysie. Des éléments moteurs sont l'armature de ces états et de leurs analogues. Sans insister, il convient d'observer que chaque attitude a sa marque spécifique comme le prouvent les exemples ci-dessus. Mais prise en elle-même, elle n'est qu'une forme, une adaptation, non une pensée, un acte cognitif. Pour être autre chose qu'une pure abstraction, pour être

douée d'une existence réelle, concrète, il faut
qu'elle s'applique à des images claires ou à des
représentations obscures, subconscientes, qui
sont sa matière et dont elle est inséparable. Elle
ne peut opérer à vide[1].

Ces états sont, non de la pensée pure, mais
des modes de l'activité motrice.

*
* *

Nous arrivons à des faits qui me paraissent
d'une telle importance pour l'hypothèse de la
pensée sans images que je m'étonne qu'aucun
des psychologues qui la soutiennent ne s'en soit
occupé. En effet, nul de ceux qui spécialement
ou d'une façon épisodique ont étudié ce sujet ne
mentionne — du moins à ma connaissance —
un fait qui semble favorable à leur théorie :
c'est la *vision intellectuelle* des mystiques. Elle
mérite d'être examinée avec quelque soin.

On objectera peut-être que nous ne pouvons
produire que des observations et non des expé-

1. Les psychologues de l'École de Wurzburg dans leurs
recherches sur l'idéation, appuyées à la fois sur l'observation
intérieure et sur l'expérimentation ont noté souvent un sentiment d'hésitation, de changement de direction qui précède
la formation du jugement contenant la réponse.

riences; l'objection serait assez faible; les expériences, surtout en une matière aussi délicate, ont le désavantage d'être un peu artificielles et souvent sans détermination précise des circonstances concomitantes.

Les observations, au contraire des expériences, sont dues à des auteurs très subtils et très habiles dans l'analyse psychologique. De plus, la concordance entre la grande majorité des descriptions mystiques, quant au fond, en dehors de quelques variantes, est un argument en faveur de leur exactitude.

Il importe tout d'abord de circonscrire notre sujet : les mystiques de toutes catégories ne doivent pas être interrogés, il faut choisir, car les mystiques diffèrent beaucoup entre eux comme puissance intellectuelle.

Au plus bas degré, il y a les esprits peu cultivés dont la conscience ne contient que des représentations concrètes (visuelles, auditives, tactiles, motrices, organiques); ils sont étrangers et impropres à l'abstraction, ils n'ont rien à nous apprendre. Mais à mesure qu'on s'élève, on se rapproche des mystiques d'une forme supérieure, ceux qui ont laissé des noms dans l'histoire religieuse. Ce sont eux qu'il nous faut interroger. Je présente aux lecteurs quelques observations empruntées à des mystiques célèbres : on remarquera les expressions « pensée sans images », « pensée sans mots » et autres analogues qu'ils emploient et qui prouvent qu'en les suivant nous sommes dans la bonne voie[1]. Sainte Thérèse avait constaté la succession de deux espèces de visions : « A la vision imaginaire, dit-elle, succède ordinairement la vision intellectuelle. Quand il plaît à Dieu de donner l'intelligence de l'apparition sensible, l'âme devient bientôt plus captivée que par l'apparition elle-même et elle passe ainsi à la contemplation purement intellectuelle. » « Les objets supra-sensibles de leur nature, tels que Dieu, l'ange et l'âme, et ceux-là aussi qui sont étendus et frappent nos sens, quand on ne considère en eux que la vérité, l'esprit les contemple *indépendamment de toute représentation sensible* soit extérieure, soit intérieure : et cette opération est dite intellectuelle parce qu'elle est due tout entière à la facilité d'appréhender les êtres par leur côté purement

1. Sur un essai de classification des mystiques, voir Picavet, *Revue Philosophique*, juillet 1912.

intelligible. » Ailleurs, cette même sainte assimile la vision de Dieu à celle d'un diamant d'une pureté inouïe [remarquez cette forme de représentation presque vide]. Elle raconte également dans sa *vie*, qu'elle fut impuissante à décrire à son confesseur sa première vision intellectuelle. « J'usai de diverses comparaisons, dit-elle, pour tâcher de me faire entendre : mais il me semble qu'il y en a peu qui aient du rapport avec cette sorte de vision. »

« Un jour que j'étais en vision, dit sainte Angèle de Foligno, je vis Dieu qui me parlait, mais si vous me demandez ce que je vis, je réponds que je vis Dieu, et je ne peux dire autre chose sinon que je vis une plénitude, une clarté de laquelle je sentais en moi une si vive effusion, que je ne la saurais expliquer; c'est en vain que je chercherais une comparaison pour la représenter... » Et plus loin : « Je voyais une chose stable et permanente qui m'est tellement inexplicable que je n'en puis rien dire, sinon que mon âme était dans une joie inénarrable sans que je sache si elle était dans le corps ou hors du corps. » Il serait facile d'emprunter à d'autres mystiques des déclarations pareilles : ceci suffit, d'autant

plus que nous aurons encore à les interroger sur
la question de la pensée sans mots.

Nous n'avons rien à dire de la valeur du but
que les mystiques poursuivent ni des tendances
affectives qui les entraînent vers ce but et les
soutient. Seul leur état intellectuel nous concerne.
Or, il est évident qu'ils s'efforcent de vider leur
conscience de toute représentation, de la libérer
des formes de l'espace et du temps, de s'identi-
fier avec l'Absolu et de se penser « sub specie
æternitatis ». Mais ce but qui serait l'idéal de la
pensée sans image sous sa forme la plus complète, peuvent-ils l'atteindre? Ils tendent vers
une *limite* qui se dérobe, inaccessible à leur
emprise. Dans son effort pour saisir l'insaisis-
sable et atteindre l'inattingible, la pensée raré-
fiée, volatilisée, dénuée de ses conditions d'existence, n'est plus qu'un rêve qui peu à peu se rapproche d'un anéantissement total. Il y a plus : on
peut se demander si cette connaissance intellectuelle, vide de toute représentation consciente,
est en fait vide de tout contenu ayant une valeur
psychique. N'est-il pas possible, qu'elle ait pour
soutien un travail inconscient intense et d'une
haute portée? mais c'est une hypothèse qu'on ne

peut étayer d'aucune preuve, aussi je n'insiste pas.

Je ne veux pas sortir de la psychologie, mais qu'on me permette en passant une remarque. Historiquement, l'affirmation de la pensée pure est due aux métaphysiciens idéalistes qui y ont été conduits par leur tournure d'esprit et la nature de leur doctrine. Elle est pour eux la forme suprême de la connaissance et même, pour quelques-uns, elle est supérieure à la connaissance qui, rivée aux images et aux mots, reste de ce fait imparfaite. Seule, la pensée pure révèle l'Être. Sans parler de la νοησις νοήσεως aristotélicienne, les mystiques de l'École alexandrine professent cette opinion, notamment Plotin, quoiqu'il n'ait joui que trois fois de la contemplation extatique. En termes très nets et plus modernes Spinosa dit : « comprendre une chose c'est la concevoir par la seule force de l'esprit pur, sans paroles et sans images ». [Traduction Saisset, 81[1].]

D'ailleurs, leur thèse est une simple affirma-

---

1. Tum enim res intelligitur, cum ipsa pura mente extra verba et imagines percipitur. Van Vloten et Land, II, 7. (F. Alcan.)

tion ou une déduction de leur doctrine sans observations ni faits probants. Sans multiplier ces citations, on voit que le sujet qui nous occupe est une importation de la métaphysique dans la psychologie. Malgré son origine, elle mérite un examen, ne fût-ce que comme curiosité psychologique ou comme cas rare, inaccessible à l'immense majorité des hommes[1].

III

La formule courante « pensée sans image » indique-t-elle l'absence des représentations sensorielles seules? Est-elle simplement abréviative? Car quelques auteurs disent « pensée sans images et *sans mots* ». Cette position est plus radicale et elle nous oblige à examiner notre problème sous un autre aspect. Il est universellement admis que notre activité logique supé-

1 Je n'insiste pas sur le mysticisme philosophique parce qu'il me paraît avoir moins de valeur pour la psychologie que le mysticisme religieux qui ne dépend d'aucun système : à la vérité, il se rattache toujours à une religion positive (christianisme, islamisme, etc.), mais on sait qu'il a souvent inquiété l'orthodoxie par sa liberté.

rieure, — ne peut se développer sans un langage quelconque, extérieur ou intérieur, parlé ou écrit, ou sous d'autres formes encore, car la *facultas signatrix* est féconde en ressources. Ainsi, un architecte peut imaginer et dessiner le plan d'un édifice sans aucune parole intérieure ou extérieure. En dehors de ce cas particulier et de ses analogues, la pensée a toujours besoin d'un langage quelconque qui n'est pas seulement un véhicule, mais une condition nécessaire, sans quoi elle reste confuse et schématique. Tout ceci est admis comme étant la règle générale, mais nous avons dit que Stout et d'autres supposent des exceptions ; tel est le point litigieux.

Pour étayer la possibilité de la pensée sans mots, le principal argument qu'on a fait valoir est l'antériorité de la pensée par rapport au langage intérieur et extérieur. Cette raison se rencontre dans la formule souvent citée de Bonald : avant de parler sa pensée, l'homme doit penser sa parole.

La question est fort embrouillée.

En général, chez l'homme adulte, l'idée et le mot forment un tout ; ils se présentent simultanément dans la conscience. Pour ceux qui sont

doués d'une élocution facile, il y a un développement sans arrêt où chaque mot correspond à des
idées ou à leurs rapports entre elles. Cela résulte
d'une disposition naturelle et aussi, « surtout chez
les verbomanes », d'une activité automatique,
d'un mécanisme verbal ; les associations souvent
répétées s'éveillent rapidement et surgissent au
moment opportun.

Mais il y a des gens riches d'idées qui parlent
lentement, hésitent, cherchent leurs mots, soit
parce qu'ils ont le goût de la concision, de l'*impe-
ratoria brevitas*, soit parce qu'ils poursuivent une
adéquation complète entre leurs idées et les mots
qui les expriment. Très communément on cherche
sans le trouver un mot (substantif, verbe, adjec-
tif), qui traduise rigoureusement la pensée.

Ces faits ont encouragé à admettre une pensée
pure, dénuée non seulement de tout élément
sensoriel, présenté ou représenté, mais même de
toute parole intérieure. Cette affirmation absolue
n'est pas à l'abri de la critique. Est-il certain que
ces moments d'hésitation et d'arrêt, vides de tout
élément sensoriel et verbal *conscients*, soient de
ce fait totalement vides ?

On oublie l'activité subconsciente et inconsciente. Sans doute elle reste cérébrale par suite de conditions inconnues qui l'empêchent de s'élever jusqu'à la conscience, mais elle n'en a pas moins son influence sur la pensée.

Remarquons que durant ces moments d'arrêts nous éprouvons un sentiment d'attente, de tension, d'effort. Cet état de la conscience se réduit à un ensemble de tendances motrices qui sont les substituts insuffisants et éphémères de ce qu'on cherche, mais on ne cherche que ce qu'on est sur le point de trouver[1].

Les partisans de la pensée pure ont le tort de s'enfermer exclusivement dans la conscience.

Après ces remarques générales, passons aux faits. Les partisans de la pensée sans mots ne produisent guère d'observations probantes. Je

---

1. Le Dr Saint-Paul, dans son livre *Le Langage intérieur et les paraphasies* (F. Alcan), très instructif, malgré l'excès des néologismes, a fait la même remarque : « Les images et les mots sont suscités à l'appel de la pensée, et c'est grâce à l'image ou au mot que l'acte psychique prend une connaissance précise de soi-même. Les centres du langage qui sont aptes à donner au maximum cette connaissance précise, sont donc des centres connexes, des centres miroirs [où se produit la conscience], grâce auxquels l'autoconscience de la pensée devient possible. Mon opinion est que tout acte — y compris celui de penser — est en soi, inconscient et qu'il ne devient conscient que lorsqu'il reçoit, grâce à un centre intermédiaire (*réflecteur*, miroir) le contre-coup de sa propre activité. »

n'en trouve qu'une qui, en raison de sa fréquence, mérite d'être examinée.

C'est le cas banal et simple de la lecture à haute voix ou à voix basse : on peut y ajouter l'audition attentive d'un discours ou d'une conversation. Ces faits sont assez complexes et doivent être analysés.

Il y a d'abord des sensations visuelles, auditives, motrices (le langage intérieur, faible chez les uns, nettement senti chez d'autres).

C'est un défilé d'éléments qui, en raison de sa rapidité, ne paraît laisser aucune trace de son passage dans la conscience.

Ensuite, il y a la pensée proprement dite, la compréhension, l'intelligence de ce qui est lu ou entendu : en raison de sa valeur, elle prédomine dans la conscience qui consiste en synthèses mentales successives, reliées entre elles par des rapports.

La série des mots ou signes quelconques qui est à la fois la matière et le soutien de l'activité de la pensée, se compose d'éléments (perceptions, représentations, rapports) dont la conscience est éphémère, fugitive, mais n'est pas nulle. Ils ne sont que des moyens dont la comphéhension intellectuelle est le résultat, le but, la fin. Cette série d'états transitoires est, comme tout langage un mécanisme acquis, une habitude ; par contre, le déchiffrement d'un manuscrit illisible, la lecture ou l'audition d'une langue peu familière, nécessite des arrêts à chaque pas ; chaque mot exige un *quantum* de temps pour être compris et, par suite, il *dure* dans la conscience. Dans les cas ordinaires, cette conscience tombe au minimum, mais ne disparaît pas tout entière.

Prenons comme exemple le mot « cloche » lu ou entendu en courant ; il n'évoque dans la conscience qu'une très faible partie des éléments qui constituent la notion complète d'une cloche, laquelle est un complexus de sensations sonores, visuelles, tactiles, etc., et des états physiologiques qui leur servent de base. Tout cela est néant pour le travail actuel de la pensée et l'abrège : le signe en tient lieu. Il en est de même de tous les mots dans une lecture ou une audition rapide. Mais, en sus du mot qui seul est conscient, il ne faut pas oublier les autres éléments constituant la notion de l'objet à l'état de tendances subconscientes ainsi que les excitations physiologiques qui leur servent de base. Tout cela, est-ce le vide?

Revenons aux mystiques. Leurs confessions sont plus intructives et beaucoup plus riches en documents que les écrits des psychologues professionnels : on en jugera par les extraits qui suivent. Notons d'abord que la plupart établissent une distinction bien nette et bien tranchée entre les voix imaginaires et la *voix intellectuelle* qui est l'équivalent de la vision intellectuelle dont nous avons parlé. Ces voix intellectuelles, qu'ils tiennent pour surnaturelles, on les a expliquées par des images motrices, verbales, devenant hallucinatoires; mais les expliquer n'est pas notre but; nous ne visons qu'à constater ce qui a rapport au problème de la pensée pure, comme faits. « Le caractère de ces paroles intellectuelles est de se faire entendre à l'âme sans l'intermédiaire des sens *extérieurs* ou *intérieurs*, par la pénétration directe de l'entendement. » Mme Guyon était convaincue de jouir de la présence continuelle de Dieu. « Le cœur de Dieu me parlait et n'avait pas besoin de paroles. »

« La voix de Dieu, dit le cardinal Bona, retentit dans le silence de l'âme, non à travers les oreilles du corps, *ni par l'imagination*, mais par la vertu toute spirituelle de l'entendement. » Sainte Thérèse dit : « C'est un langage tellement du Ciel que nul effort humain ne peut le faire comprendre si le Seigneur ne l'enseigne par expérience. Il met bien avant dans l'intime de l'âme ce qu'il veut lui faire entendre, et là, il le représente *sans image ni forme de paroles*, mais par le même mode que la vision (intellectuelle) : par ce genre de langage, le Seigneur veut, je crois, donner à l'âme une certaine connaissance de ce qui se passe au Ciel où l'on parle sans paroles. » Tous les mystiques considèrent que ces paroles intellectuelles, sans mots, ne peuvent être comprises que par des humains spécialement doués. Et non seulement ces paroles intellectuelles sont pour eux des pensées sans mots, mais souvent d'ailleurs ce sont des pensées exprimées dans des langues inconnues à tous les hommes. Sainte Thérèse qui, elle aussi, fait une différence entre la parole imaginaire et la parole purement intellectuelle, nous dit « que c'est une manière de parler intérieure et subtile et qui n'est marquée par aucun son. »

Swedenborg raconte « que les esprits de Mercure ont en aversion le langage des mots parce qu'il est matériel et qu'il n'a pu parler avec eux que par une espèce de pensée active... Leur langage était formé, non de mots, mais d'idées qui se répandaient de tous côtés par mes intérieurs... Les idées qui tenaient lieu de mots étaient séparées les unes des autres, tellement qu'on percevait à peine quelque intervalle : c'était dans une perception comme le sens des mots chez ceux qui ne font attention qu'au sens, abstraction faite des mots. Ce langage était pour moi plus intelligible que le précédent, et il était aussi plus plein... Ensuite ils parlèrent avec encore plus de continuité et de plénitude... Enfin, ils parlèrent de manière que le langage tombait seulement dans *l'entendement intérieur.* » Swendenborg appelle ce langage : *langage cogitatif.*

En somme, l'existence d'une pensée sans mots est encore plus difficile à établir que celle d'une pensée sans images sensorielles. Si l'on examine avec quelque attention les déclarations des mystiques, quoiqu'elles varient un peu dans la forme de l'un à l'autre, elles ont un fond commun. Ils décrivent, comme ils peuvent, en termes bizarres, métaphoriques et forcément vagues, des moyens qui leur paraissent surnaturels. Et cela n'est pas une preuve en faveur de l'absence de tout langage. (J'emploie ce mot au lieu du terme parole, parce qu'il est plus étendu.) Bien au contraire. A la vérité, il y a des cas comme celui de sainte Thérèse où toute forme de langage semble disparaître.

Nous touchons ici à l'idéal de la pensée pure, à ce que j'appelle la *limite* de l'anéantissement intellectuel; à ce degré de ténuité intellectuelle où voir et entendre se confondent.

Finalement, la différence entre les deux cas — pensée sans images, pensée sans mots — s'explique sans difficulté. Par une simple vue de l'esprit, prenons la pensée en elle-même, *in abstracto*, supposée pure, vide : par rapport à elle, les images sensorielles sont un contenu; mais les mots ou signes quelconques sont davantage; ils sont inhérents à son mécanisme. Elles sont l'ossature qui lui permet de se fixer et de se développer.

IV

De ses recherches expérimentales sur l'intelligence, Binet a tiré la conclusion « qu'il y a antagonisme entre la pensée et l'imagerie ».

Cette opinion me paraît reposer sur un préjugé commun. Ces deux facteurs sont connexes, mais indépendants l'un de l'autre dans leur activité originelle. Tout dépend de la constitution mentale de l'individu.

Si l'activité pensante est pauvre, sans vigueur, peu capable d'effort, et si l'affluence des images est grande, elles sont une cause d'obstruction et de confusion.

Si, au contraire, l'activité pensante est vigoureuse, un puissant afflux d'images est un bienfait. C'est le cas des grands inventeurs, des grands imaginatifs de toutes sortes : dans la littérature, dans les sciences, dans les arts, dans la mécanique, dans la vie pratique et dans tout.

Entre ces deux facteurs, il y a non un antagonisme, mais une association dont les résultats sont en fonction de la prépondérance de l'un ou de l'autre.

Sans s'arrêter plus longtemps sur ce paradoxe, essayons maintenant de classer les faits et observations données comme preuves de la pensée pure. Je les réduis à trois types suivant l'ordre d'affaiblissement progressif de « l'imagerie ».

1° La pensée liée à un automatisme, c'est-à-dire à un minimum de conscience, est fréquente. Nous avons donné comme exemple le plus fréquent et le plus commun la lecture et l'audition rapides. Il y a une succession d'états visuels ou auditifs qui, en raison de leur vitesse, laissent à peine une trace dans la conscience, mais qui sont les conditions de l'activité de la pensée, de la compréhension. Il n'y a pas absence de représentation, quoiqu'elle soit fugace et éphémère.

2° La pensée scientifique dont les mathématiques et la métaphysique sont le type, opère avec des signes vus ou entendus par la parole intérieure; l'imagerie mentale cesse d'être concrète pour devenir *schématique*. Le travail de la pensée n'est donc pas vide de tout état primaire ou secondaire. Il y a plus : on ne doit pas oublier les facteurs inconscients; les signes n'ont de

valeur que par le savoir potentiel qu'ils repré-
sentent sans lui, ils ne sont plus des signes, mais
des *flatus vocis* aussi dénués de toute portée intellectuelle que le sont pour nous les mots d'une
langue inconnue.

3° Les grands mystiques ont tenté, comme
nous l'avons dit, un effort suprème pour entrer
dans la pensée pure, en se libérant des éléments
sensibles qui pourraient l'adultérer. Mais leur
contemplation peut être à peine admise comme
une connaissance, puisqu'ils la déclarent insai-
sissable, ineffable, indescriptible. Par suite, elle
paraît un état spécial où la vie intellectuelle et la
vie affective coexistent.

La tendance de l'extase vers l'unité est une
condition défavorable pour la pensée qui ne vit
que par le changement et s'éteint dans la stabilité. D'ailleurs, n'est-ce pas un abus de langage
que d'appeler pensée un état sans *objet*? Pensée,
sans connaissance, est un état innommable.

Je n'ai pas à m'excuser de m'être appuyé sur
les mystiques en leur empruntant des faits mor-
bides ou anormaux [1]. Quelle que soit leur nature,

1. Swedenborg nous dit que lorsqu'il entendait les esprits
supérieurs, « il sentait de petits mouvements dans la langue

il reste des faits ayant une valeur psychologique.
La seule question qui nous occupe est de savoir
si la contemplation suppose ou non des images
sensorielles ou verbales.

* *
*

La pensée est une fonction qui, au cours de
l'évolution, s'est ajoutée aux formes primaires
et secondaires de la connaissance : sensations,
mémoire et association. Par suite de quelle condition a-t-elle pu naître? On ne peut, sur ce
point, hasarder des hypothèses. Quoi qu'il en
soit, elle a fait son apparition, s'est fixée, s'est
développée. Mais comme une fonction ne peut
entrer en activité que sous l'influence d'excitations qui lui sont appropriées, l'existence d'une
pensée pure travaillant sans rien qui la provoque
est *a priori* invraisemblable. Réduite à elle-
même c'est une activité qui dissocie, associe,
perçoit des rapports, coordonne. On peut même
croire que cette activité est, de sa nature,
inconsciente, et qu'elle ne revêt la forme con-

et les lèvres », c'est à dire des hallucinations motrices, verbales.

sciente que par les données expérimentales qu'elle élabore. Nous avons vu plus haut la remarque de Marbe sur l'acte inconscient qui est le fond du jugement et qui transforme les représentations.

Une remarque importante est celle-ci. Tous les partisans de la pensée sans images ont pris une position beaucoup trop simple; ils se renferment exclusivement dans la conscience : ils n'en sortent pas. Ils oublient l'activité inconsciente dont la valeur psychique est très grande et qui peut provoquer le travail de la pensée en l'absence de toute représentation consciente.

Dans les chapitres précédents, nous avons longuement exposé cette hypothèse que la trame de la vie inconsciente est dans les éléments moteurs qui entrent dans la composition des représentations quelles qu'elles soient; que ces mouvements sont la portion stable, permanente des états de conscience antérieurement ressentis, le squelette qui assure leur reviviscence. Qu'on la rejette ou qu'on l'admette, nous devons faire observer qu'une pensée vide de toute image consciente, n'est peut-être pas vide totalement, et que l'inconscient travaille à sa manière :

résoudre des problèmes ou tout simplement jaillir en reparties brusques, mais bien adaptées : tout cela n'est pas un pur jeu d'images, un simple mécanisme d'association. Il y a là les marques d'une activité supérieure analytique et synthétique qui sont celles de la pensée proprement dite. Il n'est donc pas certain que l'absence de toute représentation consciente tranche nettement la question. Elles peuvent avoir des équivalents comme travail efficace; la conscience constate le travail, mais ne le constitue pas.

Finalement, l'hypothèse est-elle complètement inacceptable? Non, si on la considère *comme posant une limite idéale dont la pensée peut se rapprocher par des raréfactions successives*; *mais à la limite, l'idéal disparaît et la pensée cesse d'être possible.*

Pour conclure, l'hypothèse d'une pensée pure, sans images et sans mots, est très peu probable et en tout cas, n'est pas prouvée.

CHAPITRE IV

LE MOINDRE EFFORT EN PSYCHOLOGIE

—————

I

Il y a seize ans, G. Ferrero publiait dans la *Revue Philosophique* un article ayant pour titre « L'inertie mentale est la loi du moindre effort », inspiré par la thèse de Lombroso sur la répugnance d'une grande partie de l'humanité à toute innovation, ce qu'il appelle le misonéisme[1]. Son exposition ingénieuse et d'une simplicité élégante, mais qui est moins une étude qu'une brillante chevauchée à travers le sujet, suscita des critiques.

D'abord, un physicien qui est resté anonyme,

—————

1. *Revue Philosophique*, 1894, t. I, p. 169. Réimprimé avec la polémique qui s'ensuivit, dans son livre, *Lois psychologiques du symbolisme* (F. Alcan), 1895.

lui reprocha son imprécision. Étudiée par Euler,
Maupertuis, Lagrange, Helmholtz, Hertz, Mach
— pour ne citer que les noms principaux — les
notions d'inertie et de loi du moindre effort ont,
en mécanique, une signification bien déterminée,
fixée par des définitions.

« Or, l'erreur fondamentale de M. Ferrero, dit
notre physicien, est de confondre l'inertie mécanique et le sentiment psycho-physiologique que
l'on désigne vulgairement sous le nom d'inertie.
C'est pourquoi il pense que l'énergie s'épuise et
que le mouvement se perd... A prendre des
termes scientifiques dans leur sens littéraire,
par conséquent vague, on risque bien de ne
faire que des métaphores[1]. »

Plus tard, M. Gibson, se plaçant au point de
vue strictement psychologique, publia un autre
article. « La loi du moindre effort[2] » où, après
avoir réitéré les critiques du physicien anonyme,
il attaque Ferrero sur son principe fondamental.
L'auteur italien professe « que l'impulsion à la

1. *Revue Philosophique*, avril 1894 et *Ouvrage cité*, Appendice,
p. 238.
2. Dans le périodique anglais, *Mind*, n° d'octobre 1900, sous
ce titre « The principle of least action as a psychological
principle ».

vie psychique vient *toujours* du dehors; elle n'a pas son origine en nous par une production automatique et spontanée ». Il soutient que le cerveau est dans un état d'inertie totale, s'il n'est pas excité par les impressions du monde extérieur. C'est, comme le fait observer Gibson, l'hypothèse de la table rase, sous une autre forme, appliquée aux mouvements. Mais cette hypothèse est fausse, en contradiction avec toute l'expérience; elle ne tient pas compte des conditions biologiques. Tout organisme, même une amibe, a son irritabilité propre. Le mouvement précède la sensation. Il y a deux sortes de mouvements; les uns innés, hérités, comme les instincts; les autres non hérités, résultant de l'expérience. Les premiers précèdent l'expérience. En tous cas, il faut admettre la coopération de l'organisme et du monde extérieur; donc pas d'inertie absolue. Le postulat qui sert de base au travail de Ferrero est inacceptable.

Gibson a vu mieux que son prédécesseur la complexité du sujet et il le serre de plus près. Il constate que la tendance au moindre effort en psychologie, jugée par ses effets, a une valeur tantôt positive, tantôt négative, et elle lui paraît se présenter sous trois formes principales : cas où l'effort est aussi faible que possible, c'est l'inertie; cas où la tendance à l'effort est très diminuée : elle facilite l'action dans l'habitude; cas où elle permet un maximum de résultats avec un minimum de peine : c'est la loi d'économie.

Malgré ces deux études, le sujet vaut la peine d'être repris. Ce qui nous y engage, c'est que pour le moment, la psychologie générale incline plutôt vers l'étude des processus (psychologie fonctionnelle) que vers celle des éléments psychiques (psychologie structurale). Ajoutons que les recherches expérimentales poursuivies depuis une dizaine d'années sur ces formes vagues de la vie de l'esprit désignées sous le nom d'attitude (*Bewusssteinlage*) semblent dirigées dans le même sens[1], et la tendance au moindre effort nous semble aussi une attitude. Mais nous éviterons soigneusement l'expression consacrée de *loi* du moindre effort, ce terme *loi* nous paraissant à la fois inexact et ambitieux. S'il est justifiable,

1. On en trouvera un bon résumé dans le récent livre de Titchener, *Experimental Psychology of the Thought processes* 1909, in-8°. Macmillan, New-York, ch. III et IV.

c'est dans un sens restreint que nous indiquerons en concluant. Il nous paraît très préférable d'admettre une *tendance* ou disposition au moindre effort.

Notre question est embarrassante à traiter, en raison de sa complexité et de ses aspects multiples. La tendance au moindre effort peut être totale ou partielle, permanente ou transitoire, nuisible à l'évolution individuelle et sociale, (c'est le cas le plus fréquent), quelquefois utile. Elle peut coexister avec une tendance contraire. Les questions posées quant à sa nature et à sa valeur ne comportent pas une réponse unique, mais des réponses.

Il nous faut donc commencer par une revue de ses principales manifestations individuelles et collectives; puis remonter à ses causes physiques et mentales : nous aurons ainsi essayé une *psychologie du repos*.

II

Tous les faits qui vont être produits comme exemples appartiennent naturellement à la

psychologie des mouvements, de l'action. On dit
avec raison : pas d'intelligence sans sensibilité,
pas de sensibilité sans mouvement. Ce dernier
est la marque universelle de la vie et le fond de
notre sujet. Toutefois, pour la commodité de
l'exposition, nous pouvons établir une division
artificielle entre l'activité motrice pure d'une
part et l'activité intellectuelle d'autre part, entre
l'agir et le connaître, pour étudier la disposition
au moindre effort sous ces deux formes.

I. — Commençons par l'affaiblissement de
l'effort sous la forme purement motrice, à tous
les degrés (vie organique, besoins, instincts,
tendances supérieures, volonté).

L'état désigné sous les noms *d'apathie* et
d'inertie[1] est la manifestation la plus complète
de la tendance au moindre effort. Ceux qui se
sont occupés des tempéraments et des caractères
ont souvent décrit le type lymphatique ou fleg-
matique; qu'il suffise d'en rappeler les principaux traits.

Physiquement, il y a ralentissement des fonctions qui sont amorties par la prédominance du

---

1. Inertie est pris ici, non au sens du physicien, mais pour
désigner une répugnance extrême à toute activité.

tissu conjonctif interstitiel, souvent du tissu adipeux, ralentissement du ton vital, affaiblissement de la circulation sanguine, accroissement de la circulation lymphatique, insuffisance simultanée de la recette et de la dépense dans le double rapport de l'intensité et de la rapidité. L'organisme finit par se rapprocher du type végétatif.

Psychologiquement, les impulsions sont sans énergie, d'où indolence et indifférence. Le cerveau mal conformé ou anémié n'est pas propre à l'effort, d'où tendance vers l'habitude qui économise l'attention et les mouvements.

Il ne faudrait pas croire d'ailleurs que les apathiques ou inertes résument tout notre sujet, mais ils ont l'avantage d'être une manifestation générale et permanente de la tendance au moindre effort : par suite, plus instructive et plus nette. Dans cette classe deux états s'imposent dès l'abord comme types, par leurs caractères de stabilité et d'accaparement total de l'individu ; la *paresse* et la *vieillesse*.

1° Les moralistes ont beaucoup écrit sur la paresse, mais en se bornant à l'étudier comme vice dans ses effets nuisibles à l'individu, à son

entourage, à la société. Ils négligent ses causes
ou l'attribuent simplement à un défaut de volonté,
que l'éducation peut guérir. Cette affirmation
est très douteuse pour la plupart des cas. Le
psychologue qui, lui, n'a pas à prendre l'attitude
d'un juge devant un coupable, mais à expliquer,
cherche ailleurs. Ceux qui, dans ces derniers
temps, se sont occupés pratiquement de la pédagogie anormale, ont rendu de grands services.
Ils ont constaté que la paresse congénitale — la
vraie — a pour cause la faiblesse organique et
mentale : les paresseux *complets* « sont des
asthéniques : ce qui règle tous leurs actes c'est
la loi du moindre effort; ils sentent qu'ils sont
capables de peu et ils se ménagent[1] ».

L'atonie générale se manifeste par les batte-
ments mous du cœur, par une pression artérielle
basse, par les ralentissements dans l'activité des
échanges. L'asthénique est né fatigué et a besoin
de longs sommeils pour se reposer. L'impuis-
sance cérébrale se traduit par une inactivité profonde de toutes les fonctions psychiques; l'atten-

1. Dr Philippe et Dr P. Boncour, *Les Anomalies mentales chez
les écoliers*, p. 54 (F. Alcan). A. Binet, *Les Idées modernes sur
les enfants*. Dr Maurice de Fleury, *L'Ame et le corps de l'enfant.*

tion ne peut ni se concentrer, ni se maintenir, ni agir, à cause de la fatigue, de l'épuisement rapide. Il y a fuite de l'effort, même pour le plaisir.

Outre la disposition générale à l'inaction, il y a les paresses *partielles*, moins importantes pour notre sujet. Ce sont des diminutifs. La tendance au moindre effort peut s'affirmer dans une seule direction : pour les excercices du corps, pour les études, pour un métier sans attrait, sous la forme du parasitisme social, etc. Nous y reviendrons en traitant des causes.

2° L'inertie du paresseux est congénitale, celle du vieillard est acquise, mais l'une et l'autre ont beaucoup d'analogie et de caractères communs. La paresse est une vieillesse anticipée. La caractéristique générale de la vieillesse est anatomiquement l'atrophie des éléments supérieurs (tissu musculaire, nerveux) avec développement du tissu inférieur (conjonctif). Une partie des vaisseaux capillaires se détruit, réduisant ainsi l'afflux sanguin. Il y a diminution de poids et de volume du système nerveux central et périphérique, du poumon, du foie, des glandes lymphatiques (Merckel, Metchnikoff), la musculature flasque ne permet plus de maintenir le corps droit et ferme; les mouvements sont lents et sans précision. Pour le cerveau, la diminution des échanges, les modifications chimiques et surtout la prolifération du tissu conjonctif ont pour effets une dégénérescence des cellules dont le noyau s'emplit de pigment.

Par suite apparaissent les déchéances psychiques bien connues : affaiblissement de la mémoire, asservissement aux habitudes, incrustation dans la routine, inaptitude à combiner et à accepter des idées nouvelles, soumission de la volonté au joug d'autrui : elle ne peut s'affirmer et devenir une réalité. La vie affective se rétrécit. La plupart des sentiments s'effacent ou s'éteignent. Seul l'instinct égoïste de la conservation et le sentiment religieux qui n'en est qu'une forme — la préoccupation du salut — restent tenaces[1]. Par l'effet de cette décadence émotionnelle, l'imagination s'appauvrit parce qu'il faut renoncer « au long espoir et aux vastes pensées »; le champ de l'avenir est trop restreint pour qu'on puisse le peupler de rêves lointains.

1. Pour plus de détails voir notre *Psychologie des sentiments*, chapitre dernier, *La dissolution*.

On peut soutenir également que l'on tend au moindre effort parce qu'on est vieux, et qu'on est vieux parce que l'on tend au moindre effort. Même remarque pour la paresse. Ces deux états sont des *régressions*. Cette conclusion est de toute évidence. Si je l'énonce, en passant, c'est qu'elle n'est pas sans importance pour apprécier les doctrines religieuse et philosophique qui ont placé leur idéal dans le repos. Nous les retrouverons plus tard.

II. — Passons de l'action à la connaissance. Le fait capital à noter, c'est la tendance au moindre effort dans *l'attention*. Le mécanisme de l'attention est-il tout entier moteur? Je ne me lancerai pas dans une discussion sur ce sujet, l'ayant traité ailleurs[1]. Au reste — et cela nous suffit — le rôle fondamental des mouvements est admis à des degrés divers par tous les psychologues et affirmé par l'expérience. Ainsi, quand nous regardons fixement un objet, l'attention exige la position fixe du corps, l'accommodation et la convergence des yeux, l'arrêt ou l'interrup-

---

1. *Psychologie de l'attention.* Pour la critique des récentes théories, voir Pillsbury, *L'Attention*, Paris, 1908, et Titchener, *Psychology of Feeling and attention*, New-York, 1908.

tion momentanée de la respiration, des mouvements circulatoires qui déterminent un plus grand afflux de sang aux parties du cerveau qui sont en activité.

Si l'attention agit spontanément, il n'y a ni effort ni fatigue ; mais si elle doit par un acte de volonté se concentrer sur un objet déterminé, se maintenir, lutter contre les représentations étrangères, l'effort et la fatigue apparaissent vite. Indépendamment des conditions physiologiques qui la limitent et lui refusent une prolongation indéfinie, il est certain que dans l'immense majorité de l'espèce humaine, l'attention *non spontanée* est une attitude fatigante, et qu'elle évite le plus possible, tendant ainsi vers le moindre effort.

Comme l'attention peut s'appliquer à toutes les formes de notre connaissance de la plus basse à la plus haute, de la simple sensation aux combinaisons complexes et abstruses, on voit que ses fléchissements permettent à la tendance au moindre effort de pénétrer dans la sphère intellectuelle tout entière.

Outre cette forme d'inertie mentale qui pourrait suffire en raison de sa généralité, mentionnons-en rapidement quelques autres de moindre portée, mais très fréquentes.

La prédominance, chez beaucoup de gens de *l'association par contiguïté*, la plus simple, la plus élémentaire qui se fait d'elle-même, automatiquement.

La répugnance à *l'innovation* à cause de l'effort nécessaire pour créer ou même pour accepter. Nous en ferons ressortir plus loin l'importance sociale.

Dans les opérations logiques, la préférence pour les jugements, les raisonnements par *analogie* qui dispensent de tout travail critique et satisfont beaucoup d'esprits à peu de frais.

*
* *

Il convient maintenant d'examiner une question ambiguë qui d'après ce que certains auteurs disent ou laissent entendre, induirait à voir la tendance au moindre effort sous un nouveau jour : comme un facteur important de notre développement intellectuel. En regardant de plus près, on s'apercevra que l'on a confondu deux faits très différents : la tendance à la paresse et la tendance à l'économie.

L'abstraction et la généralisation sont nos moyens de *simplifier* l'une par l'analyse, l'autre en groupant et en fixant par un signe une pluralité de phénomènes ramenés à une unité. Leur rôle, grand dans la vie ordinaire, est capital dans la constitution des sciences. Or puisqu'elles sont une simplification, elles sont aussi un allégement de travail pour l'esprit; *elles économisent l'effort.*

Le principe d'économie est considéré par Mach et par Avenarius comme principe d'unité de la conscience scientifique, servant pour découvrir, pour systématiser. Le principe de continuité, dit Mach, qui pénètre toutes les recherches modernes, prescrit un mode de conception qui conduit au plus haut degré à l'économie de la pensée. La différence est grande entre compter à l'aide de cailloux ou avec des signes. « La mathématique n'est qu'un moyen économique pour compter. En physique, l'expérience est disposée dans un ordre économique. » Mach donne la *Mécanique* de Lagrange comme un merveilleux exemple d'économie, parce qu'il déduit la science de

l'application continue d'un unique principe. —
Avenarius soutient aussi que le principe de la
moindre dépense de force est le guide en philosophie, en raison de la nature conceptuelle de
cette discipline.

Cette tendance à l'économie est une nécessité
imposée par la nature humaine : faiblesse de la
mémoire, brièveté de la vie. Des déclarations
analogues abondent chez les savants contemporains. Il en ressort une impression générale de
moindre effort, profitable à l'individu et à la
société parce qu'il est commodité, économie.
Ceux qui connaissent l'histoire des doctrines
savent que cette disposition de l'esprit est désignée depuis longtemps sous le nom de loi d'économie (*lex parcimoniæ*).

Est-elle étrangère à notre sujet et en désaccord avec la tendance au moindre effort décrite ci-
dessus avec des exemples? Nullement. Entre les
deux, il y a un fond commun et identité de
nature. On pourrait se risquer à dire que la tendance au moindre effort est un genre dont la loi
d'économie est une espèce ou une variété. Ce
qui les différencie, c'est ceci : La tendance au
moindre effort en général a sa fin en elle-même,

son idéal est le repos et ses résultats sont négatifs ; la loi d'économie est un moyen pour la
simplification du travail et ses résultats sont
positifs.

Il convient de remarquer que cette loi d'économie qui est au fond de la pensée abstraite n'est
pas sans inconvénients. On en a un peu exagéré
la portée. Il y a de l'économie partout, dit
Gibson (*art. cité*) ; c'est établi, mais non qu'elle
est l'élément dominateur. « L'effort de la pensée
scientifique n'est pas vers l'économie, mais vers
la méthode, la fidélité au fait, la précision ;
l'effort pour penser profondément et clairement
conduit à l'économie. »

« Nous sommes habitués, dit Nordau, à vanter
le don de l'abstraction comme un privilège de la
pensée humaine et à le placer très haut. Ceci
est très probablement une erreur que la philosophie commet depuis des siècles et dont il faut
avoir le courage de s'affranchir. L'abstraction
constitue l'opération la plus délicate et la moins
sûre du cerveau. En réalité, les phénomènes se
passent dans le temps et dans l'espace, sans qu'il
y en ait jamais deux qui présentent une identité
complète. Mais notre perception s'habitue à

négliger les différences moins sensibles et à ne
s'attarder qu'aux ressemblances saillantes qui ne
sont pas toujours les caractères les plus impor-
tants.

« L'abstraction résulte ainsi d'une sélection
opérée parmi les éléments du phénomène dont
quelques-uns sont retenus, d'autres négligés;
elle est une interprétation et suppose ainsi une
opération préexistante, un jugement de valeur
sur ce qui est important et sur ce qui ne l'est pas
dans un phénomène et arrange la perception
d'après des besoins subjectifs qui la faussent, la
déforment et constituent de ce fait une source
d'erreur. La pensée abstraite est une nécessité
biologique, parce qu'elle épargne beaucoup de
travail difficile; mais cet avantage n'est obtenu
qu'au prix de grands préjudices. La pensée
abstraite est certainement commode puisqu'elle
dispense de l'effort qu'exige l'attention concentrée au cours de l'observation et de la compréhension de la réalité, mais elle perd en certitude
ce qu'elle gagne en facilité. Elle s'écarte trop facilement du phénomène concret, le seul qui soit
objectivement vrai, et crée dans la conscience une
illusion subjective au lieu d'une connaissance.

La faculté d'abstraire, acquise par l'homme a été une arme à deux tranchants[1]. »

Nous pouvons *imaginer* un mode de connaisnaissance (dont la conscience humaine est totalement incapable en raison de sa constitution) qui se représenterait tous les événements grands et petits dans leurs rapports multiples, — analogue à l'omniscience que les théologiens attribuent à Dieu. Cette forme de pensée, étrangère, par définition, à tout procédé d'abstraction, serait incontestablement supérieure à la nôtre. Sans insister sur cette fiction et pour rester dans l'expérience humaine, si aux esprits abstraits (les mathématiciens, les métaphysiciens, etc.), on compare les esprits concrets (les observateurs, les peintres, les gens d'affaire et en général les esprits dits « positifs »), on verra qu'il n'y a aucune raison — sinon des préjugés philosophiques — pour déclarer que les derniers sont inférieurs. Le médecin qui traite tous ses malades d'après les préceptes généraux, négligeant les variétés individuelles ; le maître qui applique la même pédagogie à tous ses élèves, sans tenir

---

1. *Le Sens de l'histoire*, trad. Jankélévitch., p. 283 et suiv. (F. Alcan.)

compte du tempérament et du caractère, agissent *in abstracto*, dans le sens du moindre effort, de la simplification ; mais dès que le savoir est appliqué à l'action, à la pratique, la simplification devient souvent une source d'échecs.

*
* *

Restreignant volontairement cette étude aux manifestations normales de la tendance au moindre effort, je m'abstiendrai de toute incursion dans la pathologie, omettant les aboulies, la mélancolie passive, les états de stupeur, la démence, etc.

Toutefois, entre le sain et le morbide, il y a une zone intermédiaire où l'on peut découvrir quelques exemples typiques de l'aversion invincible pour l'effort. Ces faits qui sont un grossissement des formes normales, nous aideront plus tard à déterminer les causes. Ils se rencontrent surtout chez les « psychasténiques ».

Ce qu'on observe chez eux, c'est (indépendamment de l'irrésolution) une indolence, une mollesse générale qui datent de l'enfance et ont grandi avec les années. Quelques-uns s'adressent des injures, sans réussir à surmonter leur inertie. La lenteur des actes est telle qu'il faut des heures pour conduire à leur fin les occupations les plus simples de la vie : beaucoup laissent tout inachevé. Si faibles que soient leurs efforts physiques et moraux, ils s'imaginent qu'ils sont « énormes »; ils se plaignent d'une fatigue et d'un « épuisement horrible ».

Une femme de quarante-six ans qui dit « qu'un manteau de fatigue tombe sur elle », ne peut suivre une idée; son attention ne se fixe plus; il lui faut un grand effort pour faire une addition et « tout papillote devant elle ».

Beaucoup ont pour idéal de rester immobiles pendant des heures, assis dans un coin ou dans leur lit sans rien faire, sans occupations, isolés, refusant tous les visiteurs.

Notons aussi l'aversion pour toute nouveauté. « Tout ce qui est nouveau me fait peur », disait à Pierre Janet l'une de ses malades, sans se rendre compte qu'elle donnait la définition du misonéisme[1].

---

1. Pour plus de détails, voir Pierre Janet, *Les Obsessions et la psychasthénie*, t. I, p. 335 et suiv. (F. Alcan.)

III

Continuons sous une autre forme notre revue des procédés qui, inconsciemment ou avec conscience, visent à la diminution de l'effort. La psychologie sociale est une source très riche d'informations. De plus, elle nous fixe sur l'attitude de l'humanité moyenne et nous permettra plus tard d'apprécier la valeur de la « loi » du moindre effort. Elle révèle la disposition ordinaire des masses.

Les nombreux auteurs qui ont étudié la psychologie collective (Tarde, Le Bon, Sighele, etc.), se sont limités aux tendances *impulsives*, bonnes ou mauvaises, utiles et nuisibles qui fermentent dans les révolutions, les émeutes, les assemblées délibérantes, et même les simples groupes de hasard, et qui se manifestent spontanément par la sympathie, la violence, l'enthousiasme, l'entraînement, etc. A certains égards, nous poursuivons un but contraire. Nous demandons à la psychologie collective de mettre en relief la tendance à *l'inaction ou au minimum d'action* dans les multiples fonctions qui constituent la

8.

vie sociale : langues, mœurs et vie journalière, institutions politiques, croyances religieuses, les sciences et les arts.

Interrogeons d'abord la *linguistique*. « Un exemple concret du principe de diminution de l'effort permet de comprendre l'évolution des formes du langage parlé. Dans toutes les langues qui se sont développées, il y a eu un processus constant d'élaboration et d'élimination ; les terminaisons et autres parties accessoires des mots ont graduellement disparu et le reste a subi un travail qui les rendait plus maniables ou plus agréables. Comme toute forme d'effort ou d'activité motrice, celle du langage montre une tendance constante à être plus aisée et plus efficace. » Il est probable que le plaisir ressenti par la coopération harmonieuse des muscles de la phonation et le désagrément produit par des combinaisons musculaires difficiles, agissent comme guides dans la direction de l'effort. On a quelquefois considéré ce processus comme purement physiologique ; à mon avis, « c'est ignorer les influences psychiques de l'agrément et du désagrément » [1].

1. Gibson, *article cité*, p. 189.

Cette tendance au moindre effort, désignée par Max Müller sous le nom de loi de l'altération phonétique, a été étudiée pour les linguistes avec un copieux appareil d'exemples que nous ne pouvons relater ici. Ainsi les lettres latines en passant dans le français tendent à s'affaiblir; le *c* rude des Romains devient *ç*, le *p* devient *v*, *adripare* se change en *arriver*, *putrere* en *pourrir*, etc. [1].

Plus que tout autre, Whitney a insisté sur ce point. « La grande tendance cachée sous un nombre infini de faits en apparence hétérogènes, est la disposition à se défaire de toutes les parties des mots qui peuvent être élaguées sans nuire au sens et à disposer les parties restantes de la façon la plus commode. La linguistique ne saurait mettre en lumière une loi plus fondamentale que celle-ci et d'une aussi grande importance. C'est là le grand courant qui parcourt le langage universel et en remue tous les éléments dans une direction donnée. Il n'y a aucun mal à cela, à moins qu'on ne perde plus qu'on ne gagne par ces tentatives d'économie.

1. Baudry, *Grammaire comparée*, p. 85-86, Brachet, *Dictionnaire étymologique*, Introduction.

En ce cas, cela devient de la paresse plus que de l'économie. Les effets de cette tendance manifestée dans le langage sont de deux sortes : l'économie véritable et la prodigalité paresseuse, car elle agit sans réflexion et arrive aux résultats sans les prévoir. Le caractère de la tendance est très reconnaissable dans les abréviations de mots. Cela suffit pour expliquer la contraction graduelle de la forme qui s'est produite dans toutes les langues et il est très facile de voir que cela vise la simplification de l'effort[1]. »

Sayce, en exposant longuement les causes qui déterminent le changement constant des langues, met de même en première ligne le principe du moindre effort, qu'il appelle d'un terme assez cru : le principe de paresse (*Laziness*). Cette disposition à la commodité et à l'économie dans le changement de sens de mots se produit par deux procédés principaux : 1° Restriction de la signification générale à une signification particulière : πρεσϐῦς (ancien) devient *prêtre*, ἐπισκόπος (inspecteur) devient *évêque*. 2° Extension des applications d'un mot en raison de

---

1. Whitney, *La Vie du langage*, ch. v. (F. Alcan.)

vagues analogies : *Caput,* c'est la tête au sens
morphologique; on l'applique à une armée, à
une classe, aux sections d'un livre (chapitre), et
à beaucoup d'autres choses [1].

* * *

Il a été facile en un exposé très sommaire de
montrer l'influence sur la vie des langues du
penchant de l'homme vers la paresse ou l'économie. Les faits sont simples, — mots et
syntaxe; — ils permettent la clarté, la précision, la brièveté.

Il n'en est pas ainsi pour les mœurs, lois,
institutions, pour tout ce qui constitue la vie
sociale, privée ou publique. On ne peut entrer
dans des détails qui seraient sans fin. Au reste,
je pense que nul n'est porté à douter de cette
disposition, profonde souvent cachée qui pénètre

1. Sayce, *Principes de philologie comparée,* trad. franç., ch. I,
p. 25. Darmesteter, *La Vie des mots,* I, ch. II. Actuellement, la
disposition à abréger est de plus en plus fréquente. Ex. :
auto, vélo, métro, etc. Remarquons en passant que, à côté de
cette tendance à la paresse linguistique qui ne créa rien, il y
a la tendance au néologisme qui agit en sens contraire sous
la forme sèche et souvent gauche des termes scientifiques et
techniques, sous la forme imagée des locutions populaires et
surtout dans l'argot.

partout et a pour effet la stagnation. C'est le misonéisme.

Cette disposition de l'esprit est complexe. Elle résulte d'une répugnance à l'effort et d'un défaut de plasticité. Toute innovation suppose trois moments ; une rupture d'habitude, une adaptation nouvelle, la consolidation d'une autre habitude. Elle est rare dans la jeunesse qui est plastique et dont la débordante activité s'adapte aisément sans effort. Plus tard, on devien réfractaire. La volonté de l'homme moyen est d'une vigueur et d'une persévérance médiocres ; son attention se fatigue vite. Il n'a pas tort de redouter les nouveautés ; elles exigent un effort au-dessus de ses forces. Parfois il supportera de grands inconvénients, même des souffrances aiguës auxquelles il s'est habitué peu à peu plutôt que de risquer l'effort nécessaire pour s'arracher à l'habitude et à améliorer sa situation. On a fait remarquer avec justesse que ce misonéisme a des raisons biologiques, parce qu'il est, même chez l'homme normal, une forme de l'instinct de protection.

Le misonéisme complet est rare en pratique, à cause des nécessités de la vie qui imposent le changement. La tendance au moindre effort se manifeste plutôt sous la forme de petites secousses. Cette expression est de Ferrero qui a mis ce fait en relief par de nombreux exemples pris dans l'histoire.

« L'évolution sociologique tout entière, dit-il, prouve merveilleusement que la loi du moindre effort règle l'activité psychique de l'homme. Toutes les institutions sociales, un peu complexes des peuples civilisés n'ont pas été créées d'une pièce et en une seule fois, mais par de nombreuses générations dont chacune a apporté ses petites innovations qui, toutes réunies, ont formé ces institutions complexes qui existent de nos jours. C'est donc une complexité très grande d'inventions simples dont chacune a coûté un effort très petit. Comment, par exemple, l'homme est-il arrivé à créer les ministères, l'une des institutions les plus compliquées de nos civilisations? A l'origine, les plus hauts fonctionnaires de l'État, civils et militaires, n'étaient que des serviteurs attachés à la personne du roi, chargés de son service personnel... Plus, tard lorsque les affaires publiques devinrent trop nombreuses, ils adoptèrent le moyen pour lequel il fallait l'effort mental le plus petit; celui de confier cette charge à leurs serviteurs, c'est-à-dire aux personnes qu'ils avaient à leur disposition... La complication des affaires augmentant, ces serviteurs chargés de missions spéciales, devinrent, par des transformations successives et graduelles, des ministres d'État chargés des fonctions publiques.

« De même tout l'appareil judiciaire ne·fut pas créé parce que subitement les hommes comprirent la nécessité d'un pouvoir coercitif. Il sortit d'une idée bien plus simple. Le faible, dépouillé par un fort, recourut aux chefs des tribus en leur offrant des présents pour être vengé ou protégé; et cet expédient du faible suggéra peu à peu aux chefs l'idée de contraindre leurs sujets à soumettre les différends à leur jugement, surtout en vue des cadeaux qu'ils auraient à recevoir Ainsi se développèrent petit à petit les institutions judiciaires, les tribunaux, les frais de justices.

« Dans nos sociétés bureaucratiques aucune idée ne paraît plus innée, plus élémentaire, que celle d'appointements; toutefois, l'histoire démontre qu'on n'est arrivé à cette idée complexe

qu'en passant par une série d'idées plus simples.
A l'origine, aucun fonctionnaire n'était payé, en
sorte que pour vivre, ils employèrent un moyen
plus simple que notre système compliqué d'administration. Ils cherchèrent à se faire offrir ces
présents par ceux à qui leur travail était utile; ces
présents, originellement volontaires, devinrent
peu à peu presque obligatoires et se transformè-
rent ensuite en une somme d'argent dont le
payement était imposé par la loi, et cet usage
finit par engendrer l'idée d'une rémunération fixe,
directement payée par l'État.

« Tout cela nous démontre que lorsque les
nécessités de l'existence le contraignent à faire
travailler son cerveau, l'homme cherche toujours
à accomplir l'effort le plus petit, à employer les
procédés psychologiques qui lui coûtent la moindre fatigue. En somme, l'homme cherche à
résoudre le problème de l'existence par les
moyens qu'on peut trouver le plus promptement,
sans beaucoup de travail, même si le remède est
passager, même s'il complique le mal qu'il devait
faire disparaître[1]. »

1. Ferrero, *op. cité*, p. 180.

Pour terminer, rappelons des faits si connus qu'il est inutile d'insister : l'hostilité des savants envers les doctrines ou théories qui contredisent celles de leur jeunesse; la répugnance à une esthétique nouvelle en poésie ou en musique, en architecture ou en peinture. La majorité est incapable d'un effort d'adaptation d'autant plus pénible qu'il faudrait pour eux devenir autres.

Il est curieux de noter que la tendance au moindre effort n'est pas étrangère aux religions. Généralement, entre deux cultes étrangers l'un à l'autre, le heurt est brusque, violent pour les fanatiques. Si on est enclin à la tolérance, on se livre à l'analogie. Quoique leur religion fût essentiellement nationale, la Grèce et surtout les Romains ont excellé dans ce genre, en identifiant leurs dieux avec ceux des autres nations : de l'Orient, de la Gaule, de la Germanie. Par un procédé simpliste, Zeus est identifié avec tous les Dieux qui lancent la foudre, Aphrodite Vénus avec toutes les déesses de la beauté ou de l'amour et ainsi dans tous les cas où une assimilation grossière est possible.

Je n'ai pas la prétention de montrer sous tous ses aspects la fuite de l'effort dans la vie humaine; mais il m'a semblé qu'une formule générale est trop vide, et qu'un rappel des faits montre mieux combien elle est envahissante et se glisse partout sans qu'on y prenne garde. « La plupart des hommes, dit H. Spencer, ne travaille que parce qu'elle y est contrainte par la nécessité. Il y a des classes sociales entières qui ne cherchent qu'à se soustraire à la loi du travail : les criminels, les vagabonds, les prostituées; le goût de l'oisiveté est même un caractère qu'on trouve dans toutes les formes de dégénérescence; car l'amour du travail étant une des formations les plus récentes de l'évolution psychique, est aussi une des premières à disparaître[1]. »

IV

Sous l'influence de la langue courante, on confond trop souvent l'activité et l'effort — deux états psychologiques très différents.

Il est donc important, avant d'aborder la

---

1. *Ibid.*, p. 177.

détermination des causes de circonscrire notre
sujet, de faire remarquer que la tendance au
moindre effort n'est pas sans exception dans
l'humanité et que les plus actifs sont ceux qui
agissent avec le moins d'effort. Pour procéder
avec clarté, je me hasarde, en négligeant les
nuances, à répartir les hommes en trois catégories, suivant que la nature leur a départi la tendance à agir avec largesse, ou avec économie
avec parcimonie. Cette division grossière suffira
à notre dessein.

La première catégorie est celle des *actifs supérieurs*. Leur surabondance de force peut se dépenser en exercices physiques et sports de tout
genre, en intrigues, en inventions variées, en
poursuite insatiable de l'argent, des honneurs,
de la renommée. Ils ressemblent à des machines
bien montées, toujours en mouvement et sans
accroc. Entreprenants, hardis, audacieux, témé-
raires, ils paraissent inaccessibles à la fatigue ;
du moins ils se réparent promptement. Cette
catégorie d'élite *est hors de notre sujet*, parce que
l'aspiration au moindre effort lui est inconnue
ou du moins ne se produit que rare et partielle.

La deuxième catégorie est celle de l'activité

moyenne. Ceux-ci connaissent par de fréquentes expériences la fatigue, l'effort et le dérobement à l'effort. Leur capital d'énergie étant assez limité, ils sont forcés d'être économes. Ils sont l'objet principal de notre étude. C'est la majorité du genre humain.

La troisième catégorie est celle des « asthéniques » mentionnée plus haut. La répugnance à l'effort, la paresse, l'apathie, l'inertie sont extrêmes, sans atteindre pourtant l'extinction complète des vrais malades. Ces cas nous éclairent par leur excès.

Notre position étant clairement établie : nous devons rechercher les *causes* de cette disposition générale de l'humanité. Elles sont physiologiques et psychologiques.

1° Les causes physiologiques sont les plus générales et probablement la condition de toutes les autres. Elles se ramènent à *une insuffisance dans la production ou la distribution de l'énergie.*

« L'homme idéal, a-t-on dit[1], serait un transformateur parfait; il fonctionnerait comme une pile réversible, c'est-à-dire qu'après avoir fonc-

---

1. Deschamps, *Les Maladies de l'énergie*, p. 284. (F. Alcan.)

tionné à la décharge comme une pile ordinaire,
il serait régénéré par un courant nerveux qui
constitue la charge. Le corps humain, supposé
parfait, serait capable de fournir sous un minimum de poids et de volume la plus grande quantité de force motrice. » L'homme réel en est loin ;
chez lui, il y a des fuites et des pertes. L'énergie
pénètre dans son organisme sous deux formes :
l'une intérieure (les aliments) ; l'autre extérieure
(les excitations sensorielles) ; mais son organisme ne transforme pas cette quantité d'énergie
reçue en une quantité égale d'énergie libérée. On
sait qu'à l'état normal, les énergies efficientes
circulent dans le sang, sont mises en réserve
dans les tissus, et constituent la plus grande part
des énergies organiques. Elles sont le produit
d'un mécanisme physiologique que nous n'avons
pas à étudier. Les processus physico-chimiques
entretiennent cet état de tension, de contraction
automatique qu'on appelle le *tonus* musculaire,
qui est d'ailleurs sous la dépendance des centres
nerveux moteurs de tous les degrés : médullaires,
basilaires (cervelet, noyau rouge), corticaux.
Tout ce mécanisme agit suivant la constitution
innée ou acquise de l'individu ; il vaut ce qu'elle

vaut. Il peut varier d'un léger affaiblissement dans la production ou la distribution de l'énergie jusqu'à la disparition presque totale de l'énergie potentielle.

« Tout dépend du terrain. Pour paraphraser un mot célèbre, on pourrait dire : L'homme s'agite et son hérédité le mène. Pourquoi certains cerveaux comme ceux de Gladstone et de Thiers peuvent-ils fournir pendant soixante ans une somme de travail considérable — et le plus énervant de tous, la besogne politique — sans jamais éprouver la moindre lassitude? Et pourquoi Darwin ne pouvait-il travailler plus de deux heures par jour, à la campagne, loin du bruit des villes? Les généraux et les soldats qui firent toutes les campagnes de la République et de l'Empire étaient également doués d'un système nerveux impeccable. Il est évident que les candidats à la neurasthénie restèrent en route[1]. »

Remarquons en passant qu'il peut se produire une augmentation du *tonus* musculaire et vaso-moteur dans une région avec diminution dans une autre; ce qui n'est peut-être pas sans rapport

1. Deschamps, *ouv. cité*, p. 85.

avec les apathies ou inerties partielles. La
tendance au moindre effort a donc des racines
dans les conditions physiologiques. Elle est
l'effet d'une insuffisance dont elle dénote tous les
degrés.

2° Parmi les causes psychologiques, la plus
évidente sinon la plus importante est *l'aversion
naturelle pour la peine ou la douleur*. L'état de
conscience devient le facteur principal ou du
moins paraît tel : il est l'expression psychologique de la *fatigue*. Tout le monde se fatigue,
même ceux que l'on qualifie d'infatigables ; mais
il y a des degrés. La fatigue peut être surtout
physique ou surtout mentale, l'une n'existe pas
sans l'autre.

Malgré des travaux nombreux et très connus,
les conditions de la fatigue physique sont loin
d'être déterminées scientifiquement. Pour les
uns, son origine est périphérique ; pour les
autres, elle est centrale ; il y a des physiologistes
qui admettent les deux. Les changements chimiques dans l'organisme sont aussi diversement
interprétés. Sans entrer dans des détails qui
n'ont pas d'intérêt direct pour notre sujet, rappelons qu'on constate une usure des matériaux

azotés et carbonés, des troubles dans les
échanges, une intoxication par élimination insuf-
fisante des déchets : toutes conditions d'une
mauvaise énergétique. Hodge a montré qu'une
cellule ganglionnaire excitée pendant six heures
se rétrécit de près d'un cinquième, que le noyau
et le nucléole changent de forme.

La fatigue mentale, toujours accompagnée de
fatigue physique générale ou localisée, se traduit
par une sensation spéciale d'origine organique,
par l'affaiblissement de l'attention, de la volonté,
de la mémoire et des facultées intellectuelles.
Au fond, la fatigue mentale n'est que l'expression psychique d'une fatigue physiologique ; mais
parce qu'elle est *connue*, elle devient une cause
prépondérante dans la tendance au moindre
effort. La conscience étant un instrument de
sélection, ne choisit pas l'effort qui est la fatigue,
qui est la douleur. Fidèle à son rôle ordinaire (il
y a des exceptions) d'être l'indice d'une désorga-
nisation, la douleur détourne de l'effort. Cependant il faut remarquer qu'elle n'est pas une cause
primaire du premier moment comme l'insuffisance d'énergie, elle est un second moment, supposant l'expérience acquise. Dans un cas, l'acti-

vité diminue par manque de force; dans l'autre cas, parce qu'en raison des conséquences prévues, on répugne à la provoquer.

3° Une cause primaire — la plus importante peut-être des causes psychologiques — c'est *l'absence d'intérêt*. Ce mot emprunté à la psychologie populaire est vague et demande à être précisé. L'intérêt est un état complexe qui exige une analyse.

Il implique l'attention, mais n'est pas tout entier dans l'attention. Il y a beaucoup de cas où l'on est attentif, sans être intéressé. Il en est ainsi toutes les fois que l'attention, au lieu de se produire spontanément, est forcée, obligatoire; (celle du comptable qui aligne ses chiffres, de l'horloger qui étudie une montre, etc.).

Outre l'attention, l'intérêt exige un coefficient affectif qui n'est pas toujours agréable (quoique l'opinion commune semble l'admettre), mais souvent pénible. Une personne, un objet, un récit, une nouvelle peuvent nous captiver par le plaisir : un obstacle imprévu, les agissements d'un rival, le malheur d'autrui, nous intéressent désagréablement. Toutefois, l'élément sentimental inclus dans l'état d'intérêt, doit être d'une intensité moyenne. Le choc émotionnel, la violence de la passion supplantent l'intérêt, en annihilant l'attention. Un drame, même fictif, s'il nous touche, suscite un état très différent de l'intérêt : larmes, terreur, désespoir, colère — et dont les conditions physiologiques sont tout autres.

C'est sans doute parce qu'il peut vivre seulement dans une zone tempérée que l'intérêt a été classé par divers psychologues parmi les sentiments intellectuels. Une meilleure raison, c'est qu'il est intimement lié au désir de connaître, à la curiosité puérile ou réfléchie : il oriente dans une direction, il fixe et maintient l'attention. — Au reste, l'importance du facteur intellectuel dans la genèse de l'intérêt n'est pas douteuse. En voici une preuve entre beaucoup d'autres. Ordinairement, le nouveau, l'étrange nous captivent, mais on sait que les primitifs, mis pour la première fois en contact avec les inventions de nos civilisations raffinées, restent indifférents, ne s'y intéressent pas ; parce qu'ils ne comprennent pas.

En résumé, l'état d'intérêt participe du connaître, du sentir et de l'agir. Telle est son analyse qualitative. Quant à la détermination

quantitative de ces trois éléments, il serait chimérique d'y aspirer. Pourtant il semble qu'il est
surtout affectif et moteur. Finalement, si l'on
descend jusqu'aux sources dernières de l'intérêt,
on les trouve dans les instincts, tendances, dispositions qui constituent la nature active de
l'homme, réagissant aux excitations qui leur
sont spécifiquement adaptées.

L'état appelé d'intérêt n'est donc qu'un effet
et l'absence d'intérêt résulte d'un affaiblissement
général ou partiel des tendances motrices : d'où la
répugnance à l'effort. Faute d'énergie suffisante
les tendances restent impuissantes ou avortent,
produisant l'inertie, l'atonie, l'apathie, formules
diverses pour marquer les aspects divers d'un
même état, — général dans la paresse franche,
dans la faiblesse sénile, chez les asthéniques ; —
partiel, limité à une seule tendance, si l'organisation ne fléchit que sur un point. La fuite de
l'effort est la conscience de cette débilité organique.

Sous une autre forme, Baldwin me paraît soutenir la même opinion : « Les premières formes
de l'intérêt, dit-il, correspondent pour une grande
part aux besoins organiques, les premières déter-

minations dans la vie de l'enfant... Tout reste neutre pour lui, aussi longtemps que rien n'impressionne ses appétits, ses instincts, ses tendances natives, ses susceptibilités organiques. Mais aussitôt que quelque chose vient à le toucher, tout change. Immédiatement un élément de l'expérience le détourne du panorama indifférent qui se déroule autour de lui. Ce qui se produit semble être simplement un événement qui frappe l'esprit et par lequel un quelque chose se dégage du milieu d'indifférence et reçoit cette marque de valeur qui s'attache aux objets de l'intérêt[1]. »

L'influence de l'intérêt, — positive ou négative, invitant à l'effort ou détournant de l'effort — est si grand que j'ajoute quelques remarques empruntées à un auteur qui a écrit de bonnes pages sur ce sujet[2] : « Évidemment, l'intérêt représente le côté spontané, *dynamique* de notre constitution psychique. Le moi se reflète réellement dans ce qui l'intéresse. Il serait plus vrai de dire que les réactions affectives d'une personne révèlent ce qui l'intéresse que de dire, comme on le fait quelquefois, que ses états affectifs *provoquent* en

1. Baldwin, *Thought and Things*, 2ᵉ partie, ch. III, § 1-2.
2. Angell, *Psychology*, New-York, 1904.

elle l'intérêt. Il a sa base dans notre moi, cet intérêt que nous ressentons pour ce qui est étrange. Ce n'est pas une chose absolument étrange que nous trouvons intéressante, mais une chose assez familière pour être en connexion vitale avec notre expérience passée et pourtant assez nouvelle pour être sentie comme un élargissement de cette expérience.

« Si nous considérons l'intérêt typique tel que nous le ressentons dans une recherche absorbante, dans le jeu, dans la poursuite d'une affaire aventureuse, nous reconnaissons clairement que quels que soient les états affectifs qu'il suscite, il appartient surtout aux processus actifs (*conatifs*) de la vie mentale. De sa nature, il exprime le moi. »

4° Une dernière cause, demi-physiologique demi-psychologique, est *l'influence de l'habitude*. L'habitude est une puissance organisatrice de premier ordre, mais par incrustation elle transforme peu à peu l'activité vive en un mécanisme purement physiologique d'où la conscience s'est retirée. Envahie par elle, l'homme est pris dans un réseau qui comprime toute spontanéité et dispose à l'inertie.

Si l'organisme et en particulier le cerveau était inerte à l'origine, comme le suppose Ferrero, tout serait accidentel, abandonné au hasard des excitations extérieures, et les réactions se feraient à l'aventure. Mais chacun naît avec un petit capital de coordination héréditaire qui seul ne conduirait pas loin. La répétition, et par suite, l'habitude, se charge de l'augmenter. Il y a, en effet, en nous, deux sources d'organisation : les instincts primaires, les répétitions de l'expérience.

Les habitudes se forment de deux manières; elles se greffent sur les instincts; elles se produisent par sélection. Le premier mode est un processus d'association ou de fusion qui dépend de la nature du système nerveux. Les parties dont l'activité est simultanée tendent vers une intégration synthétique. Le second mode dépend surtout de l'utilité. C'est le succès plutôt que le choix qui détermine, au moins originellement, la formation d'une habitude. Les récentes observations des psychologues zoologistes sur le *Behaviour* semblent le prouver.

Au reste, quelle que soit la source de l'habitude, une fois constituée, elle opère positivement

C'est une cause à actions lentes qui débilite la
tendance à l'effort. Cette influence est si connue
qu'il est inutile d'insister.

V

Pour conclure, une question se pose : Naturellement et spontanément, l'humanité prise en
masse répugne-t-elle à l'effort? — Oui. Dans la
psychologie humaine, la tendance au moindre
effort est-elle l'accident ou la règle? — Elle est
la règle. En ce sens, on peut dire que cette tendance est une *loi*. Si, comme il a été dit plus haut,
nous avons répudié ce terme, c'est que cette
« loi » comporte trop d'exceptions importantes.

Les actifs supérieurs que nous avons éliminés
de notre étude, sont en réalité des surhommes,
des *génies* d'une nature spéciale. On est généralement disposé à entendre par génie la seule
puissance intellectuelle; ce qui est exact en un
sens, car sans l'intelligence il ne se fait rien de
grand, ou du moins, qui atteigne la renommée.
Mais si l'on ne tient compte que de la puissance

d'une faculté, il faut aussi admettre des génies
de sentiment et des génies d'action.

J'ai soutenu ailleurs[1] que, pour le psychologue,
les grands passionnés, si ignorés qu'ils soient,
sont des héros à leur manière, fascinés et pos-
sédés par leur idéal, entraînés par lui jusqu'à la
mort, et que c'est pour cela que les grandes passions s'imposent à l'admiration des hommes
comme les grandes forces de la nature. Mais
seul et indigente d'idées, la passion n'immorta-
lise pas.

De même pour les génies d'action : *conquis-*
tadores, condottieri, explorateurs, colonisateurs,
toujours en quête d'activité et de dépense
d'énergie, produisant beaucoup de travail. Ils
ignorent la répugnance à l'effort, ils semblent
plutôt l'appeler. Encore cette expression est peu
exacte car l'effort n'est pas senti ; la fatigue qui
en est l'indice, n'apparaît pas ou est tardive et
passagère. Pour tout inventeur génial (quelle
que soit sa création et sa matière) il n'y a pas
d'effort, parce qu'elle est l'expression et le résultat d'une tendance naturelle et vigoureuse. Les

1. *Essai sur les Passions*, p. 183-184. (F. Alcan.)

grands actifs sont des machines dotées d'une quantité d'énergie qui semble inépuisable, toujours prête à se dépenser, soit en œuvres éclatantes, soit tout simplement en *sports*, en voyages sans but, en frivolités mondaines. Ils sont poussés par un ressort intérieur qui leur interdit le repos[1].

Sauf les réserves précédentes, on peut dire que, *par nature*, l'homme est enclin au repos et disposé au moindre effort. Si cette affirmation semble paradoxale, c'est que l'apparence cache la réalité et que l'on tient pour inné ce qui est acquis. On confond l'activité inséparable de la vie, qui existe chez tous, avec l'effort proprement dit. Ferrero distingue de même entre « l'exercice » (nul n'est totalement oisif) et le « travail » qui doit produire quelque chose.

Quand on considère l'agitation incessante d'une grande ville, de la multitude des gens affairés chez eux ou au dehors, on est disposé à dire que l'homme aime à agir. Cependant, cette débordante agitation ne contredit en rien notre

1. Mme de Rémusat disait de Napoléon Ier : « Il a l'air sans cesse de haïr le repos pour lui et pour les autres », *Mémoires*, t. I, p. 125.

apparent paradoxe. En effet, si par la pensée on la décompose grossièrement en des principaux éléments, voici ce qu'on découvre. Les uns vont à leurs plaisirs; d'autres agissent par habitude et par routine journalière; d'autres sont pris par des occupations sans intérêt, quelquefois répugnantes, mais imposées par la nécessité de vivre ou de soutenir une famille. Tout ce monde ne cherche pas l'effort. Ces déductions faites, la proportion est très faible de ceux qui aspirent à lutter. Encore convient-il de remarquer que cet exemple est l'un des plus défavorables à notre thèse, les grands centres de civilisation attirant les hommes énergiques et disposés à la lutte.

C'est qu'en réalité, l'amour du travail est une tendance acquise et, comme telle, instable et précaire en comparaison des tendances naturelles. Il y a le travail qui plaît et le travail qui ne plaît pas. Le premier se fait de lui-même; c'est une forme naturelle de notre activité; au fond dans tout travail qui intéresse — même manuel — le travailleur se rapproche un peu de l'artiste. Le second est né de la nécessité et a été fixé par la contrainte. Historiquement, ce fait est prouvé et hors de doute : le travail forcé est à la fois un effet et une cause de la civilisation dont la lutte contre la tendance au moindre effort a été l'un des principaux facteurs[1].

D'abord, dans les sociétés primitives, l'homme impose aux femmes les travaux qui lui répugnent; il dépense ailleurs son activité : à la chasse et à la guerre qui satisfont ses tendances agressives, violentes — très distinctes de la tendance au travail. Plus tard, c'est l'esclave qui pendant des milliers d'années et chez presque tous les peuples, supporte, par délégation des maîtres, le maximum d'effort. Les procédés coercitifs, le fouet, les *ergastules*, les tortures infligées, sont une preuve éloquente de cette aversion pour le travail. Tout le monde essayait d'y échapper : les maîtres par leur puissance, les esclaves par leurs révoltes. Enfin, dans notre siècle de travail libre, à la coercition brutale s'est substituée celle des conditions sociales et de la nécessité du labeur quotidien pour vivre. Mais les ateliers et les usines ne sont pas des lieux attrayants et les réclamations incessantes pour

1. J'entends par civilisation une augmentation en complexité et en coordination, sans souci des avantages et mésavantages qui en résultent. C'est donc une simple constatation de fait, indéniable même pour ceux qui la critiquent.

la diminution des heures de travail prouvent que, malgré les apparences, la nature humaine reste la même, et que l'aspiration vers le moindre effort ne perd pas ses droits[1].

* *
*

Nous avons vu que la répugnance à l'effort est primitive, instinctive, spontanée. Plus tard, par le fait de l'expérience, elle devient réfléchie ; l'effort est évité parce qu'il est pénible ou douloureux. La réflexion est allée plus loin ; elle s'est élevée à une *philosophie du repos*. On en trouve la preuve dans les systèmes métaphysiques et dans les croyances religieuses qui ont placé

---

1. Ferrero (*loc. cit.*, p. 177) a fait des remarques analogues. « La civilisation a réussi à faire contracter l'habitude du travail musculaire à la majorité des hommes et c'est même une de ses plus brillantes conquêtes ; mais combien elle a coûté cher ! Il a fallu l'échafaud, la misère, l'esclavage pour habituer l'homme à porter ce fardeau et même aujourd'hui la victoire est loin d'être complète. Il y a des classes sociales tout entières qui ne tendent qu'à se soustraire à la loi du travail, tels que les criminels, les vagabonds, les prostituées. Le goût de l'oisiveté est un caractère qu'on trouve dans toutes les formes de dégénérescence, car l'amour du travail étant une des formations les plus récentes de l'évolution psychique est aussi une des premières à disparaître dans les cas pathologiques. »

dans le repos l'*idéal* de cette vie et de la vie future.

Les philosophes de l'antiquité classique posaient le problème moral autrement que les modernes ; ils cherchaient le souverain bien. Or, on sait que, pour plusieurs écoles, il consiste dans la vie contemplative, la parfaite tranquillité d'âme, « l'ataraxie ». Plus tard, c'est la même attitude chez la majorité des mystiques de tous les temps et de tous les lieux, dans le quiétisme de Molinos et de ses successeurs, etc. Sans doute, cette règle de vie n'a été l'idéal que du petit nombre ; mais elle est une affirmation raisonnée, systématique, de l'aspiration au moindre effort : « Il vaut mieux être assis que debout, couché qu'assis, mort qu'endormi. »

Pour les religions, si on néglige les croyances primitives sur la vie future, — répétition un peu idéalisée de la vie terrestre — qui ont persisté à titre de survivances parmi les civilisations avancées (Égypte, Grèce, etc.), on voit que les autres inclinent à une solution quiétiste : la vision béatifique, la résorption en Dieu, le *nirvâna*. La solution bouddhique est la plus audacieuse, la plus radicale dans le sens du repos. On sait que la nature psychologique du *nirvâna* a été très discutée. Mais que l'on admette avec les uns « une cessation complète du sentir et de l'agir » ou, avec d'autres, une sorte d'extase fixée, les raisons qui doivent déterminer les hommes à le conquérir sont nettement déduites : il faut supprimer le désir qui est source de l'action, qui est source du changement; parce que tout changement, tout devenir est douloureux. C'est la doctrine de la permanence.

Si l'on objecte que cet état, sous peine d'être le néant, suppose quelque activité intellectuelle, il faudra pourtant reconnaître que la contemplation est, entre toutes les formes de la conscience, la plus pauvre en éléments moteurs.

Sans doute cette conception de la vie présente et future n'est pas celle de la majorité des hommes, mais elle montre du moins qu'à l'opposite de ceux qui ont placé leur idéal dans le mouvement, il en est d'autres qui l'ont mis dans le repos : et il m'a paru curieux de faire voir comment un instinct très simple, très banal a pu, par le travail subtil des métaphysiciens et des théologiens, se transformer en une doctrine philosophique.

Malgré cette apothéose du repos, si on en revient à la psychologie pure, à l'expérience de tous les jours, on constate que la préférence pour l'action ou pour l'inaction dépend du tempérament et du caractère. Si l'on juge objectivement, à la manière du biologiste, on constate que la vie supposant un équilibre entre les dépenses et les recettes, entre l'activité fonctionnelle et le repos, si au lieu de n'être qu'un moment et un moyen, le repos devient un envahissement, il est le signe d'une régression.

TABLE DES MATIÈRES

CHAPITRE I

Le rôle latent des images motrices.

Caractères généraux des mouvements comme éléments de la vie psychique : la primordialité, la diffusion. — Étude sommaire du sens kinesthétique. C'est un état complexe qu'il faut résoudre en les éléments distincts qui le composent : sens musculaire, sens articulaire, sens tendineux, sens labyrinthique, etc. — Les sensations de mouvement occupent une position intermédiaire entre les sensations spéciales et les sensations organiques. — Qu'est-ce qu'une image motrice au sens physiologique et au sens psychologique? — Répartition en trois catégories suivant leur coefficient psychique. — Notre hypothèse sur la nature dernière de l'activité insconsciente ; elle dépend de la permanence des résidus moteurs. — Présence et nécessité des éléments moteurs dans la constitution de tous nos états de conscience : leur rôle dans la vision, l'audition, les sensations vocales, etc. — L'activité motrice est la réponse de l'individu aux excitations venant du dehors et du dedans. — Faits en faveur de notre hypothèse. Rôle de l'association : les mouvements sont la trame de soutien de la vie psy-

CHAPITRE II

Les mouvements et l'activité inconsciente.

CHAPITRE III

Le problème de la pensée sans images et sans mots.

Le mot « pensée » étant vague, il faut fixer sa nature
d'après son mécanisme : il se réduit à deux opéra-

tions, l'une préparatoire, l'analyse; l'autre constructive, la synthèse, fondée sur la conscience des rapports. — La position actuelle (psychologie) de cette
étude. — Théorie de Marbe : le jugement est une
représentation modifiée. — L'anatomie, la physiologie
et même la pathologie nous apprennent peu sur les
conditions fondamentales de la pensée.

CHAPITRE IV

Le moindre effort en psychologie.

1219-13. — Coulommiers. Imp. PAUL BRODARD. — 10-13.

LIBRAIRIE FÉLIX ALCAN

FÉLIX ALCAN ET R. LISBONNE, ÉDITEURS

EXTRAIT DU CATALOGUE

PHILOSOPHIE — HISTOIRE — SCIENCES — MÉDECINE
ECONOMIE POLITIQUE — STATISTIQUE — FINANCES

TABLE DES MATIÈRES

PARIS

108, BOULEVARD SAINT-GERMAIN, 108 (6e)

—

MARS 1913

BIBLIOTHÈQUE
DE PHILOSOPHIE CONTEMPORAINE

VOLUMES IN-16.
Brochés, 2 fr. 50.

Derniers volumes publiés :

A. Bauer.
La conscience collect. et la morale.
G. Bohn.
Nouvelle psychologie animale.
G. Bonet-Maury.
L'unité morale des religions.
J. Bourdeau.
La philosophie affective.
Dugas et Moutier.
La dépersonnalisation.
Emerson.
Essais choisis.
L. Estève.
Une nouv. psychol. de l'impéria-
lisme : Ernest Seillière.
R. Eucken.
Sens et valeur de la vie.
H. Höffding.
Jean-Jacques Rousseau.
A. Joussain.
Esquisse d'une philos. de la nature.
J. M. Laby.
La morale de Jésus.
F. Le Dantec.
Le chaos et l'harmonie universelle.

E. Le Roy.
Une philos. nouv.: H. Bergson. 3e éd.
E. Lichtenberger.
Le Faust de Gœthe.
W. Ostwald.
Esquisse d'une philos. des sciences.
Parisot et Martin.
Les postulats de la pédagogie.
E. de Roberty.
Concepts de la rais. et lois de l'univ.
J. Rogues de Fursac.
L'avarice.
Schopenhauer.
Philos. et science de la nature.
Fragments sur l'hist. de la philos.
Sur les apparitions, et opusc. div.
J. Segond.
Cournot.
L'intuition bergsonienne.
F. Simiand.
Méth. positive en science écon.
P. Sollier.
Morale et moralité.
M. Winter.
La méthode dans la phil. des math.

Alaux.
Philosophie de Victor Cousin.
R. Allier.
Philosophie d'Ernest Renan. 3e éd.
L. Arréat.
La morale dans le drame. 3e édit.
Mémoire et imagination. 2e édit.
Les croyances de demain.
Dix ans de philosophie (1890-1900).
Le sentiment religieux en France.
Art et psychologie individuelle.
G. Aslan.
Expérience et Invention en morale.
Avebury (J. Lubbock).
Paix et bonheur.
J. M. Baldwin.
Darwinisme dans les sc. morales.
G. Ballet.
Langage intérieur et aphasie. 2e éd.
A. Bayet.
La morale scientifique. 2e édit.

Beaussire.
Antécédents de l'hégélianisme.
Bergson.
Le rire. 8e édit.
Binet.
Psychologie du raisonnement. 5e éd.
Hervé Blondel.
Les approximations de la vérité.
C. Bos.
Psychologie de la croyance. 2e éd.
Pessimisme, féminisme, moralisme.
M. Boucher.
Essai sur l'hyperespace. 2e éd.
C. Bouglé.
Les sciences sociales en Allemagne.
Qu'est-ce que la sociologie? 2e éd.
J. Bourdeau.
Les maîtres de la pensée. 6e éd.
Socialistes et sociologues. 2e édit.
Pragmatisme et modernisme.
E. Boutroux.
Conting. des lois de la nature. 7e éd.

Brunschvicg.
Introd. à la vie de l'esprit. 3ᵉ éd.
L'idéalisme contemporain.

C. Coignet.
Protestantisme français au xixᵉ siècle

G. Compayré.
L'adolescence. 2ᵉ édit.

Coste.
Dieu et l'âme. 2ᵉ édit.

Em. Cramaussel.
Le premier éveil intellectuel de l'enfant. 2ᵉ édit.

A. Cresson.
Bases de la philos. naturaliste.
Le malaise de la pensée philos.
La morale de Kant. 2ᵉ éd.

G. Danville.
Psychologie de l'amour. 5ᵉ édit.

L. Dauriac.
La psychol. dans l'opéra français.

J. Delvolvé.
L'organisation de la conscience morale.
Rationalisme et tradition. 2ᵉ édit.

G. Dromard.
Les mensonges de la vie intérieure.

L. Dugas.
Psittacisme et pensée symbolique.
La timidité. 6ᵉ édit.
Psychologie du rire. 2ᵉ édit.
L'absolu.

L. Duguit.
Le droit social, le droit individuel et la transformation de l'État. 2ᵉ éd.

G. Dumas.
Le sourire.

Dunan.
Théorie psychologique de l'espace.
Les deux idéalismes.

Duprat.
Les causes sociales de la folie.
Le mensonge. 2ᵉ édit.

E. Durkheim.
Les règles de la méthode sociol. 6ᵉ éd.

E. d'Eichthal.
Corr. de S. Mill et G. d'Eichthal.
Pages sociales.

Encausse (Papus).
Occultisme et spiritualisme. 3ᵉ éd.

A. Espinas.
La philos. expériment. en Italie.

E. Faivre.
De la variabilité des espèces.

Ch. Féré.
Sensation et mouvement. 2ᵉ édit.
Dégénérescence et criminalité. 4ᵉ éd.

E. Ferri.
Les criminels dans l'art.

Fierens-Gevaert.
Essai sur l'art contemporain. 2ᵉ éd.
La tristesse contemporaine. 5ᵉ éd.
Psychol. d'une ville. Bruges. 3ᵉ éd.
Nouveaux essais sur l'art contemp.

M. de Fleury.
L'âme du criminel. 2ᵉ éd.

Fonsegrive.
La causalité efficiente.

A. Fouillée.
Propriété sociale et démocratie. 4ᵉ édit.

E. Fournière.
Essai sur l'individualisme. 2ᵉ édit.

Gauckler.
Le beau et son histoire.

G. Geley.
L'être subconscient. 3ᵉ édit.

J. Girod.
Démocratie, patrie et humanité.

E. Goblot.
Justice et liberté. 2ᵉ édit.

A. Godfernaux.
Le sentiment et la pensée. 2ᵉ édit.

J. Grasset.
Les limites de la biologie. 6ᵉ édit.

G. de Greef.
Les lois sociologiques. 4ᵉ édit.

Guyau.
La genèse de l'idée de temps. 2ᵉ éd.

E. de Hartmann.
La religion de l'avenir. 7ᵉ édition.
Le darwinisme. 9ᵉ édition.

R. C. Herckenrath.
Probl. d'esthétique et de morale.

Marie Jaëll.
L'intelligence et le rythme dans les mouvements artistiques.

W. James.
La théorie de l'émotion. 4ᵉ édit.

Paul Janet.
La philosophie de Lamennais.

Jankelevitch.
Nature et société.

A. Joussain.
Le fondem. psych. de la morale.

N. Kostyleff.
La crise de la psych. expérim.

J. Lachelier.
Du fondement de l'induction. 6ᵉ éd.
Études sur le syllogisme.

C. Laisant.
L'éduc. fondée sur la science. 3ᵉ éd.

Mᵐᵉ Lampérière.
Le rôle social de la femme.

A. Landry.
La responsabilité pénale.

Lange.
Les émotions. 4ᵉ édit.

Lapie.
La justice par l'État.

Laugel.
L'optique et les arts.

Gustave Le Bon.
Lois psychol. de l'évol. des peuples.
11ᵉ éd.
Psychologie des foules. 18ᵉ éd.

F. Le Dantec.
Le déterminisme biologique. 3ᵉ éd.
L'individualité et l'erreur individua-
liste. 3ᵉ édit.
Lamarckiens et darwiniens. 4ᵉ éd.

G. Lefèvre.
Obligation morale et idéalisme.

Liard.
Les logiciens anglais contem. 5ᵉ éd.
Définitions géométriques. 3ᵉ édit.

H. Lichtenberger.
La philosophie de Nietzsche. 13ᵉ éd.
Aphorismes de Nietzsche. 5ᵉ éd.

O. Lodge.
La vie et la matière. 2ᵉ édit.

John Lubbock.
Le bonheur de vivre. 2 vol. 11ᵉ éd.
L'emploi de la vie. 8ᵉ édit.

G. Lyon.
La philosophie de Hobbes.

E. Marguery.
L'œuvre d'art et l'évolution. 2ᵉ édit.

Mauxion.
L'éducation par l'instruction. 2ᵉ éd.
Nature et éléments de la moralité.

P. Mendousse.
Du dressage à l'éducation.

G. Milhaud.
Les conditions et les limites de la
certitude logique. 3ᵉ édit.
Le rationnel.

Mosso.
La peur. 4ᵉ éd.
La fatigue intellect. et phys. 6ᵉ éd.

E. Murisier.
Les mal. du sent. religieux. 3ᵉ éd.

Max Nordau.
Paradoxes psychologiques. 7ᵉ éd.
Paradoxes sociologiques. 6ᵉ édit.
Psycho-physiologie du génie. 5ᵉ éd.

Novicow.
L'avenir de la race blanche. 2ᵉ édit.

Ossip-Lourié.
Pensées de Tolstoï. 3ᵉ édit.
Philosophie de Tolstoï. 2ᵉ édit.
La philos. soc. dans le théât. d'Ibsen.
2ᵉ édit.
Nouvelles pensées de Tolstoï.
Le bonheur et l'intelligence.
Croyance relig. et croy. intellect.

G. Palante.
Précis de sociologie. 5ᵉ éd.
La sensibilité individualiste.

D. Parodi.
Le probl. moral et la pensée contemp.

W. R. Paterson (SWIFT).
L'éternel conflit.

Paulhan.
Les phénomènes affectifs. 3ᵉ édit.
Psychologie de l'invention. 2ᵉ édit.
Analystes et esprits synthétiques.
La fonction de la mémoire.
La morale de l'ironie.
La logique de la contradiction.

Péladan.
La phil. de Léonard de Vinci.

J. Philippe.
L'image mentale.

J. Philippe
et G. Paul-Boncour.
Les anomalies mentales chez les
écoliers. 2ᵉ édit.
L'éducation des anormaux.

F. Pillon.
La philosophie de Charles Secrétan.

Pioger.
Le monde physique.

L. Proal.
L'éducation et le suicide des enfants.

Queyrat.
L'imagination chez l'enfant. 4ᵉ édit.
L'abstraction. 2ᵉ édit.
Les caractères et l'éduc. morale. 4ᵉ éd.
La logique chez l'enfant. 4ᵉ éd.
Les jeux des enfants. 3ᵉ édit.
La curiosité.

G. Rageot.
Les savants et la philosophie.

P. Regnaud.
Précis de logique évolutionniste.
Comment naissent les mythes.

G. Renard.
Le régime socialiste. 6ᵉ édit.

A. Réville.
Divinité de Jésus-Christ. 4ᵉ éd.

A. Rey.
L'énergétique et le mécanisme.

Th. Ribot.
La philos. de Schopenhauer. 12ᵉ éd.
Les maladies de la mémoire. 22ᵉ éd.
Les maladies de la volonté. 27ᵉ éd.
Les mal. de la personnalité. 15ᵉ édit.
La psychologie de l'attention. 12ᵉ éd.
Problèmes de psychologie affective.

G. Richard.
Socialisme et science sociale. 3ᵉ éd.

Ch. Richet.
Psychologie générale. 8ᵉ éd.

De Roberty.
L'agnosticisme. 2ᵉ édit.
La recherche de l'unité.

De Roberty.
Psychisme social.
Fondements de l'éthique.
Constitution de l'éthique.
Frédéric Nietzsche.

E. Rœhrich.
L'attention spontanée et volontaire.

J. Rogues de Fursac.
Mouvement mystique contemp.

Roisel.
De la substance.
L'idée spiritualiste. 2ᵉ édit.

Roussel-Despierres.
L'idéal esthétique.

Rzewuski.
L'optimisme de Schopenhauer.

Schopenhauer.
Le libre arbitre. 12ᵉ édition.
Le fondement de la morale. 11ᵉ éd.
Pensées et fragments. 25ᵉ édition.
Écrivains et style. 2ᵉ édit.
Sur la religion. 2ᵉ édit.
Philosophie et philosophes.
Éthique, droit et politique.
Métaphysique et esthétique.

Seillière.
Introd. à la phil. de l'impérialisme.

P. Sollier.
Les phénomènes d'autoscopie.

P. Souriau.
La rêverie esthétique.

Herbert Spencer.
Classification des sciences. 9ᵉ édit.
L'individu contre l'État. 8ᵉ éd.
L'association en psychologie.

Stuart Mill.
Correspondance avec G. d'Eichthal.
Comte et la phil. positive. 5ᵉ éd.
L'utilitarisme. 7ᵉ édition.

Sully Prudhomme.
Psychologie du libre arbitre. 2ᵉ éd.

Sully Prudhomme et Ch. Richet.
Le probl. des causes finales. 4ᵉ éd.

Tanon.
L'évol. du droit et la consc. soc. 3ᵉ éd.

Tarde.
La criminalité comparée. 7ᵉ éd.
Les transformations du droit. 7ᵉ éd.
Les lois sociales. 7ᵉ édit.

J. Taussat.
Le monisme et l'animisme.

Thamin.
Éducation et positivisme. 3ᵉ éd.

P.-F. Thomas.
La suggestion, son rôle. 5ᵉ édit.
Morale et éducation. 3ᵉ éd.

Wundt.
Hypnotisme et suggestion. 4ᵉ édit.

Zeller.
Christ. Baur et l'école de Tubingue.

Th. Ziegler.
La question sociale. 4ᵉ éd.

VOLUMES IN-8.

Brochés, à 3.75, 5, 7.50 et 10 fr.

Derniers volumes publiés :

R. Berthelot.
Un romantisme utilitaire. 2 v. à 7.50

V. Brochard.
Études de philos. anc. et mod. 10 fr.

L. Brunschvicg.
Les étapes de la philos. mathém. 10 fr.

A. Cartault.
Les sentiments généreux. 5 fr.

Cellérier et Dugas.
L'année pédagog. 1ᵉ année. 7 fr. 50

E. Dupréel.
Le rapport social. 5 fr.

E. Durkheim.
Les formes élémentaires de la vie religieuse. 10 fr.

Et. Gilson.
La liberté chez Descartes et la théologie. 7 fr. 50

M. Halbwachs.
La classe ouvrière et les niveaux de vie. 7 fr. 50

F. Le Dantec.
Contre la métaphysique. 3 fr. 75

O. Lodge.
La survivance humaine. 5 fr.

A. Marceron.
La morale par l'État. 5 fr.

Ossip-Lourié.
Langage et verbomanie. 5 fr.

Palante.
Les antinomies entre l'individu et la société. 5 fr.

Fr. Paulhan.
L'activité mentale. 2ᵉ éd. 10 fr.

Philosophie allemande.
La philos. allemande au xixᵉ s. 5 fr.

F. Pillon.

L'année philosophique, 23ᵉ année, 1912.   5 fr.

E. Rignano.

Essais de synthèse scientifique. 5 fr.

F. Roussel-Despierres.

Hiérarchie des principes et des problèmes sociaux.   5 fr.

G. Simmel.

Mélanges de phil. relativiste. 5 fr.

E. Tardieu.

L'ennui. 2ᵉ éd., revue.

E. Terraillon.

L'honneur.   5 fr.

J. Wilbois.

Devoir et durée.   7 fr. 50

Ch. Adam.

La philosophie en France (première moitié du xixᵉ siècle). 7 fr. 50

Arréat.

Psychologie du peintre.   5 fr.

Dʳ L. Aubry.

La contagion du meurtre.   5 fr.

Alex. Bain.

La logique inductive et déductive. 5ᵉ édit. 2 vol.   20 fr.

J.-M. Baldwin.

Le développement mental chez l'enfant et dans la race. 7 fr. 50

J. Bardoux.

Psychol. de l'Angleterre contemp. (les crises belliqueuses). 7 fr. 50
Psychologie de l'Angleterre contemporaine (les crises politiques). 5 fr.

Barthélemy Saint-Hilaire.

La philosophie dans ses rapports avec les sciences et la religion. 5 fr.

Barzellotti.

La philosophie de H. Taine. 7 fr. 50

V. Basch.

La poétique de Schiller. 2ᵉ éd. 7 fr. 50

A. Bayet.

L'idée de bien.   3 fr. 75

Bazaillas.

Musique et inconscience.   5 fr.
La vie personnelle.   5 fr.

G. Belot.

Études de morale positive. 7 fr. 50

H. Bergson.

Essai sur les données immédiates de la conscience. 12ᵉ édit. 3 fr. 75
Matière et mémoire. 9ᵉ édit.   5 fr.
L'évolution créatrice. 14ᵉ éd. 7 fr. 50

H. Berr.

La synthèse en histoire.   5 fr.

R. Berthelot.

Evolutionnisme et platonisme. 5 fr.

A. Bertrand.

L'enseignement intégral.   5 fr.
Les études dans la démocratie. 5 fr.

A. Binet.

Les révélations de l'écriture.   5 fr.

C. Bloch.

La philosophie de Newton. 10 fr.

J.-H. Boex-Borel.
(J.-H. Rosny aîné.)

Le pluralisme.   5 fr.

Em. Boirac.

L'idée du phénomène.   5 fr.
La psychologie inconnue. 2ᵉ éd. 5 fr.

Bouglé.

Les idées égalitaires. 2ᵉ éd.   3 fr. 75
Essais sur le régime des castes. 5 fr.

L. Bourdeau.

Le problème de la mort. 4ᵉ éd. 5 fr.
Le problème de la vie.   7 fr. 50

Bourdon.

L'expression des émotions. 7 fr. 50

Em. Boutroux.

Études d'hist. de la phil. 2ᵉ éd. 7 fr. 50

Braunschvig.

Le sentiment du beau et le sentiment poétique.   7 fr. 50

L. Bray.

Du beau.   5 fr.

Brochard.

De l'erreur. 2ᵉ éd.   5 fr.

R. Brugeilles.

Le droit et la sociologie.   3 fr. 75

L. Brunschvicg.

Spinoza. 2ᵉ édit.   3 fr. 75
La modalité du jugement.   5 fr.

L. Carrau.

Phil. relig. en Angleterre.   5 fr.

L. Cellérier.

Esquisse d'une science pédagogique.   7 fr. 50

Ch. Chabot.

Nature et moralité.   5 fr.

A. Chide.

Le mobilisme moderne.   5 fr.

Clay.

L'alternative. 2ᵉ éd.   10 fr.

Collins.

Résumé de la phil. de H. Spencer. 5ᵉ éd.   10 fr.

Cosentini.

La sociologie génétique.   3 fr. 75

A. Coste.

Principes d'une sociol. obj. 3 fr. 75
L'expérience des peuples.   10 fr.

C. Couturat.
Les principes des mathématiques.5f.

Crépieux-Jamin.
L'écriture et le caractère.5e éd. 7.50

A. Cresson.
Morale de la raison théorique. 5 fr.

B. Croce.
Philosophie de la pratique. 7 fr. 50

E. de Cyon.
Dieu et science. 2e édit. 7 fr. 50

A. Darbon.
L'explication mécanique et le no-
minalisme. 3 fr. 75

Dauriac.
Essai sur l'esprit musical. 5 fr.

A. David.
Le modernisme bouddhiste. 5 fr.

H. Delacroix.
Etudes d'histoire et de psychologie
du mysticisme. 10 fr.

Delbos.
Philos. pratique de Kant. 12 fr. 50

J. Delvaille.
La vie sociale et l'éducation. 3fr.75

J. Delvolvé.
Religion, critique et philosophie
positive chez Bayle. 7 fr. 50

Draghicesco.
L'individu dans le déterminisme
social. 7 fr. 50
Le probl. de la conscience. 3 fr. 75

G. Dromard.
Essai sur la sincérité. 5 fr.

J. Dubois.
Le problème pédagogique. 7 fr.50

L. Dugas.
Le problème de l'éducat. 2e éd. 5 fr.
L'éducation du caractère. 5 fr.

G. Dumas.
St-Simon et Auguste Comte. 5 fr.

G.-L. Duprat.
L'instabilité mentale. 5 fr.

Dupré et Nathan.
Le langage musical. 3 fr. 75

Duproix.
Kant et Fichte. 2e édit. 5 fr.

Durand (DE GROS).
Taxinomie générale. 5 fr.
Esthétique et morale. 5 fr.
Variétés philosophiques. 2e éd. 5 fr.

E. Durkheim.
De la div. du trav. soc. 3e éd. 7 fr.50
Le suicide. 2e édit. 7 fr. 50
L'année sociologique : 1re à 5e an-
nées. Chacune. 10 fr. ; 6e à 10e.
Chacune. 12 fr. 50; Tome XI,
1906-1909. 15 fr.

V. Egger.
La parole intérieure. 2e éd. 5 fr.

D. Welshauvers.
La synthèse mentale. 5 fr.

H. Ebbinghaus.
Précis de psychologie. 2e édit. 5 fr.

A. Espinas.
La philosophie sociale au XVIIIe siècle et la Révolution. 7 fr. 50

Enriques.
Les problèmes de la science et la
logique. 3 fr. 75

R. Eucken.
Les grands courants de la pensée
contemporaine. 10 fr.

F. Evellin.
La raison pure et les antinomies.5fr.

G. Ferrero.
Les lois psychol. du symbol. 5 fr.

Enrico Ferri.
La sociologie criminelle. 10 fr.

Louis Ferri.
La psych. de l'association. 7 fr. 50

J. Finot.
Le préjugé des races.3e éd. 7 fr.50
Philos. de la longévité. 12e éd. 5 fr.
Préjugé et problème des sexes.
3e édit. 5 fr.

Fonsegrive.
Le libre arbitre. 2e éd. 10 fr.

M. Foucault.
La psychophysique. 7 fr. 50
Le rêve. 5 fr.

Alf. Fouillée.
La pensée et les nouv. écoles anti-
intellectualistes. 2e édit. 7 fr. 50
Liberté et déterminisme.8e éd. 7fr.50
Critique des systèmes de morale
contemporains. 7e éd. 7 fr. 50
La morale, l'art et la religion, d'a-
près Guyau. 8e éd. 3 fr. 75
L'avenir de la métaphys. 2e éd. 5fr.
Evolutionnisme des idées-forces.
5e éd. 7 fr. 50
La psychologie des idées-forces.
2e édit. 2 vol. 15 fr.
Tempérament et caractère. 3e éd.
7 fr.50
Le mouvement idéaliste.3e éd.7fr.50
Le mouvement positiviste.2e éd. 7.50
Psych.du peuple français. 3e éd. 7.50
La France au p. de v. moral.5e éd. 7.50
Esquisse psychologique des peu-
ples européens. 4e édit. 10 fr.
Nietzsche et l'immoralisme.2e éd.5f.
Le moralisme de Kant et l'amora-
lisme contemporain.2e éd. 7 fr.50
Eléments sociol. de la morale.
2e édit. 7 fr. 50
La morale des idées-forces. 7 fr. 50
Le socialisme et la sociologie ré-
formiste. 7 fr. 50
La démocratie politique et sociale
en France. 3 fr. 75

E. Fournière.
Théories social. au xixe siècle. 7 fr.50

G. Fulliquet.
L'obligation morale. 7 fr. 50

Garofalo.
La criminologie. 5e édit. 7 fr. 50
La superstition socialiste. 5 fr.

L. Gérard-Varet.
L'ignorance et l'irréflexion. 5 fr.

E. Gley.
Études de psycho-physiologie. 5 fr.

G. Gory.
L'immanence de la raison dans la connaissance sensible. 5 fr.

J.-J. Gourd.
Philosophie de la religion. 5 fr.

R. de la Grasserie.
De la psychologie des religions. 5 fr.

J. Grasset.
Demifous et demiresponsables. 5 fr.
Introduction physiologique à l'étude de la philosophie. 2e éd. 5 fr.

G. de Greef.
Le transformisme social. 2e éd. 7 fr.50
La sociologie économique. 3 fr. 75

K. Groos.
Les jeux des animaux. 7 fr. 50

Gurney, Myers et Podmore
Les hallucin. télépath. 4e éd. 7 fr. 50

Guyau.
La morale angl. cont. 6e éd. 7 fr. 50
Les problèmes de l'esthétique contemporaine. 8e éd. 5 fr.
Esquisse d'une morale sans obligation ni sanction. 9e éd. 5 fr.
L'irréligion de l'avenir. 16e éd. 7 fr. 50
L'art au point de vue sociol. 9e éd. 7 fr. 50
Éducation et hérédité. 12e éd. 5 fr.

E. Halévy.
La form. du radicalisme philos.
I. *La jeunesse de Bentham.* 7 fr. 50
II. *Évol. de la doctr. utilitaire,* 1789-1815. 7 fr. 50
III. *Le radicalisme philos.* 7 fr. 50

O. Hamelin.
Le système de Descartes. 7 fr. 50

Hannequin.
L'hypoth. des atomes. 2e éd. 7 fr.50
Études d'histoire des sciences et d'histoire de la philosophie. 2 vol. 15 fr.

P. Hartenberg.
Les timides et la timidité. 3e éd. 5 fr.
Physionomie et caractère. 2e éd. 5 fr.

Hébert.
Évolut. de la foi catholique. 5 fr.
Le divin. 5 fr.

C. Hémon.
Philos. de Sully Prudhomme. 7 fr. 50

Hermant et Van de Waele.
Les principales théories de la logique contemporaine. 5 fr.

G. Hirth.
Physiologie de l'art. 5 fr.

H. Höffding.
La pensée humaine. 7 fr. 50
Esquisse d'une psychologie fondée sur l'expérience. 4e édit. 7 fr. 50
Hist. de la philos. moderne. 2e édit. 2 vol. 20 fr.
Philosophie de la religion. 7 fr. 50
Philosophes contemporains. 2e édit. 3 fr. 75

Hubert et Mauss.
Mélanges d'histoire des religions. 5 fr.

Ioteyko et Stefanowska.
Psycho-physiologie de la douleur. 5 fr.

Isambert.
Les idées socialistes en France (1815-1848). 7 fr. 50

Izoulet.
La cité moderne. 7e édit. 10 fr.

Jacoby.
La sélect. chez l'homme. 2e éd. 10 fr.

Paul Janet.
Œuvres philosophiques de Leibniz. 2e édition. 2 vol. 20 fr.

Pierre Janet.
L'automatisme psychol. 6e éd. 7 fr.50

J. Jastrow.
La subconscience. 7 fr. 50

J. Janrès.
Réalité du monde sensible. 2e édit. 7 fr. 50

L. Jeudon.
La morale de l'honneur. 5 fr.

Karppe.
Études d'hist. de la philos. 3 fr. 75

A. Keim.
Helvétius. 10 fr.

P. Lacombe.
Individus et sociétés selon Taine. 7 fr. 50

A. Lalande.
La dissolution opposée à l'évolution. 7 fr. 50

Ch. Lalo.
Esthétique musicale scientifique. 5 f.
L'esthétique expérim. cont. 3 fr. 75
Les sentiments esthétiques. 5 fr.

A. Landry.
Principes de morale rationnelle. 5 fr.

De Lanessan.
La morale naturelle. 10 fr.
La morale des religions. 10 fr.

P. Lapie.
Logique de la volonté. 7 fr. 50

Lauvrière.
Edgar Poë. Sa vie. Son œuvre. 10 fr.

E. de Laveleye.
De la propriété et de ses formes
primitives. 5ᵉ édit.   10 fr.

M.-A. Leblond.
L'idéal du xixᵉ siècle.   5 fr.

Gustave Le Bon.
Psych. du socialisme. 7ᵉ éd. 7 fr. 50

G. Lechalas.
Études esthétiques.   5 fr.
Étude sur l'espace et le temps.
2ᵉ édition.   5 fr.

Lechartier.
David Hume, moraliste et socio-
logue.   5 fr.

Leclère.
Le droit d'affirmer.   5 fr.

F. Le Dantec.
L'unité dans l'être vivant. 7 fr. 50
Limites du connaissable. 3ᵉ édit.
        3 fr. 75

Xavier Léon.
La philosophie de Fichte.   10 fr.

Leroy (E.-B.).
Le langage.   5 fr.

A. Lévy.
La philosophie de Feuerbach. 10 fr.

L. Lévy-Bruhl.
La philosophie de Jacobi.   5 fr.
Lettres de Stuart Mill à Comte. 10 fr.
La philos. d'Aug. Comte. 3ᵉ éd. 7 fr.50
La morale et la science des
mœurs. 5ᵉ éd.   5 fr.
Les fonctions mentales dans les
sociétés inférieures. 2ᵉ éd. 7 fr. 50

Liard.
Science positive et métaphysique.
4ᵉ édit.   7 fr. 50
Descartes. 3ᵉ édit.   5 fr.

H. Lichtenberger.
Richard Wagner, poète et penseur.
5ᵉ édit.   10 fr.
Henri Heine penseur.   3 fr. 75

Lombroso.
La femme criminelle et la prostituée.
1 vol. avec planches.   15 fr.
Le crime polit. et les révol. 2 v. 15 f.
L'homme criminel. 3ᵉ édit. 2 vol.,
avec atlas.   36 fr.
Le crime. 2ᵉ éd.   10 fr.
L'homme de génie (avec pl). 4ᵉ éd. 10 f.

E. Lubac.
Système de psychol. rationn. 3 fr. 75

G. Luquet.
Idées générales de psychol.   5 fr.

G. Lyon.
L'idéalisme en Angl. au xviiiᵉ s. 7.50
Enseignement et religion.   3 fr. 75

P. Malapert.
Les éléments du caractère. 2ᵉ éd. 5 fr.

Marion.
La solidarité morale. 6ᵉ édit. 5 fr.

Fr. Martin.
La perception extérieure et la
science positive.   5 fr.

A. Matagrin.
La psychologie sociale de Gabriel
Tarde.   5 fr.

J. Maxwell.
Les phénomènes psych. 4ᵃ éd. 5 fr.

A. Ménard.
Psychologie de W. James.   7 fr. 50

P. Mendousse.
L'âme de l'adolescent. 2ᵉ édit. 5 fr.

E. Meyerson.
Identité et réalité. 2ᵉ édit. 7 fr. 50

Morton Prince.
Dissoc. d'une personnalité.   10 fr.

Max Muller.
Nouv. études de mythol.   12 fr. 50

Myers.
La personnalité humaine. 3ᵉ éd. 7.50

E. Naville.
La logique de l'hypothèse. 2ᵉ éd. 5 fr.
La définition de la philosophie. 5 fr.
Les philosophies négatives.   5 fr.
Le libre arbitre. 2ᵉ édition.   5 fr.
Les philosophies affirmatives. 7 fr.50

J.-P. Nayrac.
L'attention.   3 fr. 75

Max Nordau.
Dégénérescence. 2 v. 7ᵉ éd. 17 fr. 50
Les mensonges conventionnels de
notre civilisation. 10ᵉ éd.   5 fr.
Vus du dehors.   5 fr.
Le sens de l'histoire.   7 fr. 50

Novicow.
La morale et l'intérêt.   5 fr.
Luttes entre soc. humaines. 2ᵉ éd. 10 f.
Justice et expansion de la vie. 7 fr. 50
La critique du darwinisme so-
cial.   7 fr. 50

H. Oldenberg.
Le Bouddha. 2ᵉ éd.   7 fr. 50
La religion du Véda.   10 fr.

Ossip-Lourié.
La philosophie russe contemp. 5 fr.
Psychol. des romanciers russes au
xixᵉ siècle.   7 fr. 50

Ouvré.
Form. littér. de la pensée grecq. 10 fr.

G. Palante.
Combat pour l'individu.   3 fr. 75

Fr. Paulhan.
Les caractères. 3ᵉ édition.   5 fr.
Les mensonges du caractère.   5 fr.
Le mensonge de l'art.   5 fr.

Payot.
L'éducation de la volonté. 36ᵉ éd. 5 fr.
La croyance. 3ᵉ éd.   5 fr.

Jean Pérès.
L'art et le réel. 3 fr. 75
Bernard Perez.
Les trois premières années de l'enfant. 7e édit. 5 fr.
L'enfant de 3 à 7 ans. 4e éd. 5 fr.
L'éd. mor. dès le berceau. 4e éd. 5fr.
L'éd. intell.dès le berceau.2e éd.5 fr.
C. Piat.
La personne humaine. 2e éd. 7 fr. 50
Destinée de l'homme. 2e édit. 5 fr.
La morale du bonheur. 5 fr.
Picavet.
Les idéologues. 10 fr.
Piderit.
La mimique et la physiognom.5 fr.
Pillon.
L'année philos. 22 vol., chacun. 5 fr.
J. Pioger.
La vie et la pensée. 5 fr.
La vie sociale, la morale et le progrès. 5 fr.
L. Prat.
Le caractère empirique et la personne. 7 fr. 50
Preyer.
Éléments de physiologie. 5 fr.
L. Proal.
Le crime et la peine. 4e éd. 10 fr.
La criminalité politique. 2e éd. 5 fr.
Le crime et le suicide passionn. 10 f.
G. Rageot.
Le succès. 3 fr. 75
F. Rauh.
Études de morale. 10 fr.
De la méthode dans la psychologie des sentiments. 2e éd. 5 fr.
L'expérience morale. 3 fr. 75
Récéjac.
La connaissance mystique. 5 fr.
Rémond et Voivenel.
Le génie littéraire. 5 fr.
G. Renard.
La méthode scientifique de l'histoire littéraire. 10 fr.
Renouvier.
Les dilem. de la métaph. pure. 5 fr.
Hist. et solut. des problèmes métaphysiques. 7 fr. 50
Le personnalisme. 10 fr.
Critique de la doctrine de Kant. 7.50
Science de la morale. Nouvelle édit. 2 vol. 15 fr.
G. Revault d'Allonnes.
Psychologie d'une religion. 5 fr.
Les inclinations. 3 fr. 75
A. Rey.
La théorie de la physique chez les physiciens contemp. 7 fr. 50
Ribéry.
Classification des caractères. 3 fr.75

Th. Ribot.
L'hérédité psycholog. 9e éd. 7 fr. 50
La psychologie anglaise contemporaine. 3e éd. 7 fr. 50
La psychologie allemande contemporaine. 7e éd. 7 fr. 50
La psych. des sentim. 8e éd. 7 fr. 50
L'évol.des idées générales.3e éd.5 fr.
L'imagination créatrice. 3e éd. 5 fr.
Logique des sentiments.4e éd. 3 f. 75
Essai sur les passions. 3e éd 3 fr. 75
Ricardou.
De l'idéal. 5 fr.
G. Richard.
L'idée d'évolution dans la nature et dans l'histoire. 7 fr. 50
H. Riemann.
Elém. de l'esthétiq. musicale. 5 fr.
E. Rignano.
Transmissibilité des caractères acquis. 5 fr.
A. Rivaud.
Essence et existence chez Spinoza. 3 fr. 75
E. de Roberty.
Ancienne et nouvelle philos. 7 fr. 50
La philosophie du siècle. 5 fr.
Nouveau programme de sociol. 5 fr.
Sociologie de l'action. 3 fr. 75
G. Rodrignès.
Le problème de l'action. 3 fr. 75
Ed. Roehrich.
Philosophie de l'éducation. 5 fr.
F. Roussel-Despierres.
Liberté et beauté. 7 fr. 50
Romanes.
L'évol. ment. chez l'homme. 7 fr. 50
Russell.
La philosophie de Leibniz. 3 fr. 75
Ruyssen.
Évolut. psychol. du jugement. 5 fr.
A. Sabatier.
Philosophie de l'effort. 2e éd. 7 fr. 50
Emile Saigey.
La physique de Voltaire. 5 fr.
G. Saint-Paul.
Le langage intérieur. 5 fr.
E. Sanz y Escartin.
L'individu et la réforme sociale. 7.50
F. Schiller.
Etudes sur l'humanisme. 10 fr.
A. Schinz.
Anti-pragmatisme. 5 fr
Schopenhauer.
Aphorismes sur la sagesse dans la vie. 9e éd. 5 fr.
Le monde comme volonté et représentation. 6e éd. 3 vol. 22 fr. 50
Séailles.
Ess. sur le génie dans l'art. 4e éd.5 fr.
Philosoph. de Renouvier. 7 fr. 50

J. Segond.

La prière. 7 fr. 50

Sighele.

La foule criminelle. 2e édit. 5 fr.

Sollier.

Psychologie de l'idiot et de l'imbécile. 2e éd. 5 fr.
Le problème de la mémoire. 3 fr. 75
Le mécanisme des émotions. 5 fr.
Le doute. 7 fr. 50

Souriau.

L'esthétique du mouvement. 5 fr.
La beauté rationnelle. 10 fr.
La suggestion dans l'art. 2e édit. 5 fr.

Spencer (Herbert).

Les premiers principes. 11e éd. 10 fr.
Principes de psychologie. 2 vol. 20 fr.
Princip. de biologie. 6e éd. 2 v. 20 fr.
Princip. de sociol. 5 vol. 43 fr. 75
    I. *Données de la sociologie*, 10 fr. —
    II. *Inductions de la sociologie.*
    Relations domestiques, 7 fr. 50. —
    III. *Institutions cérémonielles et*
    politiques, 15 fr. — IV. *Institutions ecclésiastiques*, 3 fr. 75.
    — V. *Institutions professionnelles*, 7 fr. 50.
Justice. 3e éd. 7 fr. 50
Rôle moral de la bienfaisance. 7.50
Morale des différents peuples. 7.50
Problèmes de morale et de sociologie. 2e éd. 7 fr. 50
Essais sur le progrès. 5e éd. 7 fr. 50
Essais de politique. 4e éd. 7 fr. 50
Essais scientifiques. 4e éd. 7 fr. 50
De l'éducation. 13e édit. 5 fr.
Une autobiographie. 10 fr.

P. Stapfer.

Questions esthétiques et religieuses 3 fr. 75

Stein.

La question sociale au point de vue philosophique. 10 fr.

Stuart Mill.

Mes mémoires. 5e éd. 5 fr.
Système de logique. 2 vol. 20 fr.
Essais sur la religion. 4e édit. 5 fr.
Lettres à Auguste Comte.

James Sully.

Le pessimisme. 2e éd. 7 fr. 50
Essai sur le rire. 7 fr. 50

Sully Prudhomme.

La vraie religion selon Pascal. 7 f. 50
Le lien social. 3 fr. 75

G. Tarde.

La logique sociale. 4e édit. 7 fr. 50
Les lois de l'imitation. 6e éd. 7 fr. 50
L'opinion et la foule. 3e édit. 5 fr.

E. Tassy.

Le travail d'idéation. 5 fr.

P.-Félix Thomas.

L'éducation des sentiments. 5e éd. 5 fr.
Pierre Leroux. Sa philosophie. 5 fr.

P. Tisserand.

L'anthropologie de Maine de Biran. 10 fr.

Jean d'Udine.

L'art et le geste. 5 fr.

H. Urtin.

L'action criminelle. 5 fr.

Et. Vacherot.

Essais de philosophie critique. 7 f. 50
La religion. 7 fr. 50

I. Waynbaum

La physionomie humaine. 5 fr.

L. Weber.

Vers le positivisme absolu par l'idéalisme. 7 fr. 50

BIBLIOTHÈQUE
D'HISTOIRE CONTEMPORAINE
Volumes in-16 et in-8

DERNIERS VOLUMES PUBLIÉS :

L'ALSACE-LORRAINE OBSTACLE A L'EXPANSION ALLEMANDE, par *J. Novicow.* 1 vol. in-16 . . . . 3 fr. 50

LE MAROC, par *Augustin Bernard.* 1 vol. in-8, avec cartes. . . 5 fr.

L'ITALIE ÉCONOMIQUE ET SOCIALE (1861-1912), par *E. Lémonon.* 1 vol. in-8 . . . . 7 fr.

L'ŒUVRE LÉGISLATIVE DE LA RÉVOLUTION, par *L. Cahen* et *R. Guyot,* 1 vol. in-8 . . . . 7 fr.

LA FRANCE SOUS LA MONARCHIE CONSTITUTIONNELLE (1814-1848), par *G. Weill.* Nouvelle édition. 1 vol. in-16 . . . . 3 fr. 50

NOS HOMMES D'ETAT ET L'ŒUVRE DE RÉFORME, par *F. Maury.* 1 vol. in-16 . . . . 3 fr. 50

LE « COUP » D'AGADIR. *La querelle franco-allemande*, par *P. Albin*. 1 vol. in-16 . . . . 3 fr. 50
HISTOIRE DE LA RÉVOLUTION FRANÇAISE, par *Th. Carlyle*. Nouvelle édition. 3 vol. in-18 . . . . 10 fr. 50
BISMARCK (1815-1898), par *H. Welschinger*. 2e éd. In-8 av. portrait. 5 fr.
LES GRANDS PROBLÈMES DE LA POLITIQUE INTÉRIEURE RUSSE, par *R. Marchand*. 1 vol. in-16. 3 fr. 50
LE PORTUGAL ET SES COLONIES, par *A. Marvaud*. 1 vol. in-8. . . 5 fr.
AUSTERLITZ. LA FIN DU SAINT-EMPIRE (1804-1806). (*Napoléon et l'Europe*, II), par *E. Driault*. 1 vol. in-8. . . . . 7 fr.
LA VIE POLITIQUE DANS LES DEUX MONDES, publ. sous la dir. de *A. Viallate* et *M. Caudel*, avec la collab. de professeurs et d'anciens élèves de l'Ecole des Sciences Politiques. 5e année, 1910-1911. 1 fort. vol. in-8. 10 fr.

Précédemment parus :

EUROPE

LES QUESTIONS ACTUELLES DE POLITIQUE ÉTRANGÈRE EN EUROPE, par *F. Charmes, A. Leroy-Beaulieu, R. Millet A. Ribot, A. Vandal, R. de Caix, R. Henry, G. Louis-Jaray, R. Pinon, A. Tardieu*. Nouvelle édition, refondue et mise à jour. 1 vol. in-16 avec 5 cartes hors texte. 3 fr. 50
HIST. DIPLOMATIQUE DE L'EUROPE (1815-1878), par *Debidour*, 2 v. in-8. 18 fr.
LA QUESTION D'ORIENT, par *E. Driault*. 5e édit. 1 vol. in-8. . 7 fr.
LA CONFÉRENCE D'ALGÉSIRAS. *Histoire diplomatique de la crise marocaine (janvier-avril 1906)*, par *A. Tardieu*. 3e édit. Revue et augmentée d'un appendice sur *Le Maroc après la conférence* (1906-1909). In-8. 10 fr.
LES GRANDS TRAITÉS POLITIQUES. *Recueil des principaux textes diplomatiques depuis 1815 jusqu'à nos jours*, par *P. Albin*. Préface de *Maurice Herbette*. 1 vol. in-8 . . . . 10 fr.
L'EUROPE ET LA POLITIQUE BRITANNIQUE (1882-1911), par *E. Lémonon*. Préface de M. *Paul Deschanel*. 2e édit. 1 vol. in-8 . . . . . 10 fr.
LA POLITIQUE DE PIE X, par *Maurice Pernot*. 1 vol. in-16 . . . 3 fr. 50

FRANCE ET COLONIES

LE DIRECTOIRE ET LA PAIX DE L'EUROPE, DES TRAITÉS DE BALE A LA DEUXIÈME COALITION (1795-1799), par *R. Guyot*. 1 vol. in-8. . . 15 fr.
LA POLITIQUE DOUANIÈRE DE LA FRANCE, par *Ch. Augier* et *A. Marvaud*. 1 vol. in-8. . . . . 7 fr. 50
LA RÉVOLUTION FRANÇAISE, par *H. Carnot*. 1 vol. in-16. Nouv. éd. 3 fr. 50
LA THÉOPHILANTHROPIE ET LE CULTE DÉCADAIRE (1796-1801), par *A. Mathiez*. 1 vol. in-8. 12 fr.
CONTRIBUTIONS A L'HISTOIRE RELIGIEUSE DE LA RÉVOLUTION FRANÇAISE, par *le même*. 1 vol. in-16. . . . . 3 fr. 50
MÉMOIRES D'UN MINISTRE DU TRÉSOR PUBLIC (1789-1815), par le comte *Mollien*. Publié par *M. Gomel*. 3 vol. in-8. . . . . 15 fr.
CONDORCET ET LA RÉVOLUTION FRANÇAISE, par *L. Cahen*. 1 vol. in-8. 10 fr.
CAMBON ET LA RÉVOLUTION FRANÇAISE, par *F. Bornarel*. 1 vol. in-8. 7 fr.
LE CULTE DE LA RAISON ET LE CULTE DE L'ÊTRE SUPRÊME (1793-1794). Étude historique, par *A. Aulard*. 2e éd. 1 vol. in-16. . . . . . . 3 fr. 50
ÉTUDES ET LEÇONS SUR LA RÉVOLUTION FRANÇAISE, par *A. Aulard*. 6 vol. in-16. Chacun . . . . 3 fr. 50
HOMMES ET CHOSES DE LA RÉVOLUTION, par *E. Spuller*. In-16. 3 fr. 50
LES CAMPAGNES DES ARMÉES FRANÇAISES (1792-1815), par *C. Vallaux*. 1 vol. in-16, avec 17 cartes. . . . . 3 fr. 50
LA POLITIQUE ORIENTALE DE NAPOLÉON (1806-1808), par *E. Driault*. In-8. 7 fr.
NAPOLÉON ET LA POLOGNE (1806-1807), par *Handelsman*. 1 vol. in-8. 5 fr.
DE WATERLOO A SAINTE-HÉLÈNE, par *J. Silvestre*, 1 vol. in-16. 3 fr. 50
LE CONVENTIONNEL GOUJON, par *L. Thénard* et *R. Guyot*. 1 vol. in-8. 5 fr.
HISTOIRE DU SECOND EMPIRE (1848-1870), par *T. Delord*. 6 vol. in-8. 42 fr.
HISTOIRE DE DIX ANS (1830-1840), par *Louis Blanc*. 5 vol. in-8. Chacun. 5 fr.
ASSOCIATIONS ET SOCIÉTÉS SECRÈTES SOUS LA DEUXIÈME RÉPUBLIQUE (1848-1851), par *J. Tchernoff*. 1 vol. in-8. . . . . 7 fr.
HISTOIRE DU PARTI RÉPUBLICAIN (1814-1870), par *G. Weill*. 1 v. in-8. 10 fr.

HISTOIRE DU MOUVEMENT SOCIAL (1852-1910), par *le même.* In-8. 2ᵉ éd. 10 fr.
HISTOIRE DE LA TROISIÈME RÉPUBLIQUE, par *E. Zévort* : I. *Présidence de M. Thiers.* 1 vol. in-8. 3ᵉ édit. 7 fr. — II. *Présidence du Maréchal.* (*Épuisé*) — III. *Présidence de Jules Grévy.* 1 vol. in-8. 2ᵉ édition. 7 fr. — IV. *Présidence de Sadi-Carnot.* 1 vol. in-8. . . . 7 fr.
HISTOIRE DES RAPPORTS DE L'ÉGLISE ET DE L'ÉTAT EN FRANCE (1789-1870), par *A. Debidour.* 2ᵉ éd. 1 vol. in-8 (*Couronné par l'Institut*). 12 fr.
L'ÉTAT ET LES ÉGLISES EN FRANCE, par *J.-L. de Lanessan.* In-16. 3 fr. 50
LA SOCIÉTÉ FRANÇAISE SOUS LA TROISIÈME RÉPUBLIQUE, par *Marius-Ary Leblond.* 1 vol. in-8. . . . . 5 fr.
LA LIBERTÉ DE CONSCIENCE EN FRANCE (1595-1905), par *G. Bonet-Maury.* 1 vol. in-8, 2ᵉ édit. . . . . 5 fr.
LES CIVILISATIONS TUNISIENNES, par *P. Lapie.* 1 vol. in-16. . 3 fr. 50
LES COLONIES FRANÇAISES, par *P. Gaffarel.* 1 vol. in-8. 6ᵉ éd. . . 5 fr.
L'ŒUVRE DE LA FRANCE AU TONKIN, par *A. Gaisman.* 1 v. in-16. 3 fr. 50
LA FRANCE HORS DE FRANCE. *Notre émigration, sa nécessité, ses conditions,* par *J.-B. Piolet.* 1 vol. in-8. 10 fr.
L'ALGÉRIE, par *M. Wahl.* 1 vol. in-8. 5ᵉ éd., revue par *A. Bernard.* 5 fr.
AU CONGO FRANÇAIS. *La question internationale du Congo,* par *F. Challaye.* 1 vol. in-8. . . . . 5 fr.
LA FRANCE MODERNE ET LE PROBLÈME COLONIAL (1815-1830), par *Ch. Schefer.* 1 vol. in-8. . . . . 7 fr.
L'ÉGLISE CATHOLIQUE ET L'ÉTAT EN FRANCE SOUS LA TROISIÈME RÉPUBLIQUE (1870-1906), par *A. Debidour.* Tome I, 1870-1889. 1 vol. in-8. 7 fr. Tome II, 1889-1906. 1 vol. in-8 . . . . 10 fr.
L'ÉVEIL D'UN MONDE. *L'œuvre de la France en Afrique occidentale,* par *L. Hubert.* 1 vol. in-16. . . . . 3 fr. 50
RÉGIONS ET PAYS DE FRANCE, par *Fèvre et Hauser.* 1 vol. in-8 ill. 7 fr.
NOTRE EMPIRE COLONIAL, par *H. Busson, J. Fèvre et H. Hauser.* 1 vol. in-8 avec gravures et cartes. . . . . 5 fr.
NAPOLÉON ET LA CATALOGNE. *La Captivité de Barcelone (Février 1808-Janvier 1810).* 1 vol. in-8 avec une carte hors texte. (Prix Pezrat, 1910) . . . . 10 fr.
LA POLITIQUE EXTÉRIEURE DU PREMIER CONSUL (1800-1803). (*Napoléon et l'Europe,* I), par *E. Driault.* 1 vol. in-8. . . . . 7 fr.
LES OFFICIERS DE L'ARMÉE ROYALE ET LA RÉVOLUTION, par le Lieut.-Colonel *Hartmann.* 1 vol. in-8 (*Couronné par l'Institut*). . . . 10 fr.
THOURET (1746-1794). *La vie et l'œuvre d'un constituant,* par *E. Lebègue.* 1 vol. in-8. 7 fr.
ESSAI POLITIQUE SUR ALEXIS DE TOCQUEVILLE, par *R. Pierre Marcel.* 1 vol. in-8 . . . . 7 fr.
HISTOIRE DU CATHOLICISME LIBÉRAL EN FRANCE (1828-1908), par *G. Weill.* 1 vol. in-16. 3 fr. 50

ALLEMAGNE

L'ESPRIT PUBLIC EN ALLEMAGNE VINGT ANS APRÈS BISMARCK, par *H. Moysset.* 1 vol. in-8. . . . . 5 fr.
L'EFFORT ALLEMAND, par *L. Hubert.* 1 vol. in-16 . . . . . 3 fr. 50
LA RESTAURATION DE L'EMPIRE ALLEMAND, par *A. de Ruville.* Traduit par *P. Albin.* 1 vol. in-8. . . . . 7 fr.
LE GRAND-DUCHÉ DE BERG (1806-1813), par *Ch. Schmidt.* 1 vol. in-8. 10 fr.
HISTOIRE DE LA PRUSSE, de la mort de Frédéric II à la bataille de Sadowa, par *E. Véron.* 1 vol. in-18. 6ᵉ éd. . . . . 3 fr. 50
LES ORIGINES DU SOCIALISME D'ÉTAT EN ALLEMAGNE, par *Ch. Andler.* 2ᵉ édit. In-8. . . . . 7 fr.
L'ALLEMAGNE NOUVELLE ET SES HISTORIENS (*Niebuhr, Ranke, Mommsen, Sybel, Treitschke*), par *A. Guilland.* 1 vol. in-8 . . . . . . 5 fr.
LA DÉMOCRATIE SOCIALISTE ALLEMANDE, par *E. Milhaud.* 1 vol. in-8. 10 fr.
LA PRUSSE ET LA RÉVOLUTION DE 1848, par *P. Matter.* 1 v. in-16. 3 fr. 50
BISMARCK ET SON TEMPS, par *le même.* 3 vol. in-8, chacun. 10 fr. — I. *La préparation* (1815-1862). — II. *L'action* (1863-1870). — III. *Le triomphe et le déclin* (1870-1896). (*Ouvrage couronné par l'Institut*).

ANGLETERRE

L'Europe et la politique britannique (1882-1911), par *E. Lémonon*
Préface de M. *Paul Deschanel*. 2º édit. 1 vol. in-8 . . . . 10 fr
Histoire contemp. de l'Angleterre, par *H. Reynald*. 2ºéd. In-16. 3 fr. 50
A travers l'Angleterre contemporaine, par *J. Mantoux*. In-16. 3 fr. 50

AUTRICHE-HONGRIE

La renaissance tchèque au xixº siècle, par *L. Leger*. 1 v. in-16. 3 fr. 50
Les Tchèques et la Bohème contemporaine, par *Bourlier*. In-16. 3 fr. 50
Le pays magyar, par *R. Recouly*. 1 vol. in-16 . . . . . . 3 fr. 50
La Hongrie rurale, sociale et politique, par *J. de Mailath*. In-8. 5 fr.
La question sociale et le socialisme en Hongrie, par *G.-Louis Jaray*.
1 vol. in-8 avec 5 cartes hors texte . . . . 7 fr.

ESPAGNE

Histoire de l'Espagne, par *H. Reynald*. 1 vol. in-16 . . . . . 3 fr. 50
La question sociale en Espagne, par *Angel Marvaud*. 1 vol. in 8. 7 fr.

GRÈCE et TURQUIE

La Turquie et l'hellénisme contemporain, par. *V. Bérard*. 1 vol. in-16.
6º éd. (*Ouvrage couronné par l'Académie française*) . . . . 3 fr. 50
Bonaparte et les iles Ioniennes, par *E. Rodocanachi*. In-8. 5 fr.

ITALIE

Histoire de l'unité italienne (1814-1871), p. *Bolton King*. 2 v. in-8. 15 fr.
Bonaparte et les républiques italiennes, par *P. Gaffarel*. In-8. 5 fr.
Napoléon en Italie (1800-1812), par *E. Driault*. 1 vol. in-8. . 10 fr.

SUISSE

Histoire du peuple suisse, par *Daendliker*. In-8. . . . . 5 fr.

ROUMANIE

Histoire de la Roumanie contemp. (1822-1900), par *Damé*. In-8. 7 fr.

AMÉRIQUE

Les questions actuelles de politique étrangère dans l'Amérique du
Nord, par *A. Siegfried, P. de Rousiers, de Périgny, F. Roz, A. Tar-
dieu*. 1 vol. in-16 avec 5 cartes hors texte . . . . 3 fr. 50
Histoire de l'Amérique du Sud, par *Alf. Deberle*. In-16. 3º éd. 3 fr. 50
L'industrie américaine, par *A. Viallate*. 1 vol. in-8 . . . . . 10 fr.

CHINE-JAPON

Histoire des relations de la Chine avec les puissances occidentales
(1861-1902), par *H. Cordier*, de l'Instit. 3 vol. in-8, avec cartes. 30 fr.
L'expédition de Chine de 1857-58, par *le même*. 1 vol. in-8. . . 7 fr.
L'expédition de Chine de 1860, par *le même*. 1 vol. in-8 . . . 7 fr.
En Chine. *Mœurs et institutions*. par *M. Courant*. 1 vol. in-16. 3 fr. 50
Le drame chinois, par *Marcel Monnier*. 1 vol. in-16. . . . 2 fr. 50
Le protestantisme au Japon (1859-1907), par *R. Allier*. In-16. 3 fr. 50
La question d'Extrême-Orient, par *E. Driault*. 1 vol. in-8. . . 7 fr.
Les questions actuelles de politique étrangère en Asie, par MM. le
*Baron de Courcel, P. Deschanel, P. Doumer, E. Etienne, le Général
Lebon, Victor Bérard, R. de Caix, M. Revon, Jean Rodes, le Dr Rouire*.
1 vol. in-16 avec 4 cartes hors texte . . . . 3 fr. 50
La Chine nouvelle, par *Jean Rodes*. 1 vol. in-16 . . . . . . 3 fr. 50

ÉGYPTE

La transformation de l'Égypte, par *Alb. Métin*. 1 vol. in-16. 3 fr. 50

INDE

L'Inde contemp. et le mouvement national, par *E. Piriou*. In-16. 3 fr. 50

QUESTIONS POLITIQUES ET SOCIALES

Problèmes politiques et sociaux, par *E. Driault*. 2º éd. 1 vol. in-8. 7 fr.
Vue générale de l'histoire de la civilisation, par *le même*. 2 vol.
in-16, illustrés. 3º édit. (*Récompensé par l'Institut*) . . . . 7 fr.
Le monde actuel, par *le même*. Tableau polit. et économ. 1 v. in-8. 7 fr.
Souveraineté du peuple et gouvernement, par *E. d'Eichthal*, de
l'Institut. 1 vol. in-16. . . . . 3 fr. 50

LES MAITRES DE LA MUSIQUE

ÉTUDES D'HISTOIRE ET D'ESTHÉTIQUE
Publiées sous la direction de M. JEAN CHANTAVOINE

Chaque volume in-8 de 250 pages environ, 3 fr. 50

Liste par ordre de publication :

ART ET ESTHÉTIQUE

Collection publiée sous la direction de M. PIERRE MARCEL

Chaque volume in-8, avec 24 reproductions hors texte . . . . . . 3 fr. 50

Volumes parus :

BIBLIOTHÈQUE GÉNÉRALE
DES SCIENCES SOCIALES

Secrétaire de la rédaction. DICK MAY, Secrét. gén. de l'Éc. des Hautes Études sociales.

Vol. in-8 carré de 300 pages environ, cart. à l'anglaise, chacun. 6 fr.

Derniers volumes publiés :

Les divisions régionales de la France, par MM. C. BLOCH, L. LAFFITTE, J. LETACONNOUX, L. LEVAINVILLE, F. MAURETTE, P. DE ROUSIERS, M. SCHWOB, C. VALLAUX, P. VIDAL DE LA BLACHE. Introduction de CH. SEIGNOBOS.

Les aspirations autonomistes en Europe, par MM. J. AULNEAU, F. DELAISI, Y.-M. GOBLET, R. HENRY, H. LICHTEN-BERGER, A. MALET, R. MARVAUD, AD. REINACH, H. VIMARD. Préface de CH. SEIGNOBOS.

La méthode positive dans l'enseignement primaire et secondaire, par MM. BERTHONNEAU, A. BIANCONI, H. BOUR-GIN, L. BRUCKER, F. BRUNOT, G. DELOBEL, G. RUDLER, H. WEILL. Avant-propos de A. CROISET.

Les œuvres périscolaires, par MM. le Dr CALMETTE, le Dr P. GALLOIS, le Dr DE PRADEL, G. BERTIER, le Dr E. PETIT, T. COU-DIROLLE, le Dr RÉGNIER, le Dr CAYLA, L. BOUGIER, le Dr P. LE GENDRE, le Dr DOLÉRIS. Préface de M. le sénateur Paul STRAUSS.

J.-J. Rousseau, par MM. A. CAHEN, D. MORNET, G. GASTINEL, V. DELBOS, J. BENRUBI, F. BALDENSPERGER, G. DWELSHAUVERS, F. VIAL, BEAULAVON, G. BELOT, C. BOUGLÉ, D. PARODI. Préface de M. LANSON, professeur à la Sorbonne.

La lutte scolaire en France au dix-neuvième siècle par MM. F. BUISSON, L. CAHEN, A. DESSOYE, E. FOURNIÈRE, C. LA-TREILLE, R. LEBEY, ROGER LÉVY, CH. SEIGNOBOS, CH. SCHMIDT, J. TCHERNOFF, E. TOUTEY et J. LETACONNOUX.

Neutralité et monopole de l'enseignement, par MM. V. BASCH, E. BLUM, A. CROISET, G. LANSON, D. PARODI, TH. REI-NACH, F. LÉVY-WOGUE et R. PICHON.

La séparation de l'Église et de l'État, par J. DE NARFON.

L'individualisation de la peine, par R. SALEILLES, prof. à la Faculté de droit de l'Univ. de Paris, et G. MORIN, doc. 2e édition.

L'idéalisme social, par EUGÈNE FOURNIÈRE, 2e édit.

Ouvriers du temps passé, par H. HAUSER, 3e édit.

Les transformations du pouvoir, par G. TARDE, 2e édit.

Morale sociale, par MM. G. BELOT, MARCEL BERNÈS, BRUNSCHVICG, F. BUISSON, DARLU, DAURIAC, DELBET, CH. GIDE, M. KOVALEVSKY, MALAPERT, le R. P. MAUMUS, DE ROBERTY, G. SOREL, le PASTEUR WAGNER. Préface de M. É. BOUTROUX, de l'Académie française. 2e éd.

Les enquêtes, *pratique et théorie*, par P. DU MAROUSSEM.

Questions de morale, par MM. BELOT, BERNÈS, F. BUISSON, A. CROISET, DARLU, DELBOS, FOURNIÈRE, MALAPERT, MOCH, D. PARODI, G. SOREL. 2e édit.

Le développement du catholicisme social, depuis l'encyclique *Rerum Novarum*, par MAX TURMANN. 2ᵉ édit.

Le socialisme sans doctrines, par A. MÉTIN. 2ᵉ édit.

L'éducation morale dans l'Université, par MM. LÉVY-BRUHL, DARLU, M. BERNÈS, KORTZ, ROCAFORT, BIOCHE, PH. GIDEL, MALAPERT, BELOT.

La méthode historique appliquée aux sciences sociales, par CH. SEIGNOBOS, professeur à l'Univ. de Paris. 2ᵉ édit.

Assistance sociale. *Pauvres et mendiants*, par PAUL STRAUSS.

L'hygiène sociale, par E. DUCLAUX, de l'Institut,

Essai d'une philosophie de la solidarité, par MM. DARLU, RAUH, F. BUISSON, GIDE, X. LÉON, LA FONTAINE, E. BOUTROUX.

L'éducation de la démocratie, par MM. E. LAVISSE, A. CROISET, SEIGNOBOS, MALAPERT, LANSON, HADAMARD. 2ᵉ édit.

L'exode rural et le retour aux champs, par VANDERVELDE. 2ᵉ édit.

La lutte pour l'existence et l'évolution des sociétés, par J.-L. DE LANESSAN, ancien ministre.

La concurrence sociale et les devoirs sociaux, par LE MÊME.

La démocratie devant la science, par C. BOUGLÉ, 2ᵉ éd. rev.

L'individualisme anarchiste. *Max Stirner*, par V. BASCH, chargé de cours à l'Université de Paris.

Les applications sociales de la solidarité, par MM. P. BUDIN, CH. GIDE, H. MONOD, PAULET, ROBIN, SIEGFRIED, BROUARDEL. 2ᵉ éd.

La paix et l'enseignement pacifiste, par MM. FR. PASSY, CH. RICHET, D'ESTOURNELLES DE CONSTANT, E. BOURGEOIS, A. WEISS, H. LA FONTAINE, G. LYON.

Études sur la philosophie morale au XIXᵉ siècle, par MM. BELOT, A. DARLU, M. BERNÈS, A. LANDRY, CH. GIDE, E. ROBERTY, R. ALLIER, H. LICHTENBERGER, L. BRUNSCHVICG.

Enseignement et démocratie, par MM. A. CROISET, DEVINAT, BOITEL, MILLERAND, APPELL, SEIGNOBOS, LANSON, CH.-V. LANGLOIS.

Religions et sociétés, par MM. TH. REINACH, A. PUECH, R. ALLIER, A. LEROY-BEAULIEU, LE Bᵒⁿ CARRA DE VAUX, H. DREYFUS.

Essais socialistes, par E. VANDERVELDE.

Le surpeuplement et les habitations à bon marché, par H. TUROT et H. BELLAMY.

L'individu, l'association et l'État, par E. FOURNIÈRE.

Les trusts et les syndicats de producteurs, par J. CHASTIN.

Le droit de grève, par MM. CH. GIDE, H. BERTHÉLEMY, P. BUREAU, A. KEUFER, C. PERREAU, CH. PICQUENARD, A.-E. SAYOUS, F. FAGNOT, E. VANDERVELDE.

Morales et religions, par MM. G. BELOT, L. DORISON, AD. LODS, A. CROISET, W. MONOD, E. DE FAYE, A. PUECH, le baron CARRA DE VAUX, E. EHRHARDT, H. ALLIER, F. CHALLAYE.

La nation armée, par MM. le général BAZAINE-HAYTER, C. BOUGLÉ, E. BOURGEOIS, Cᵗᵉ BOURGUET, E. BOUTROUX, A. CROISET, G. DEMENY, G. LANSON, L. PINEAU, Cᵗᵉ POTEZ, F. RAUH.

La criminalité dans l'adolescence, par G.-L. DUPRAT.

Médecine et pédagogie, par MM. le Dʳ ALBERT MATHIEU, le Dʳ GILLET, le Dʳ S. MÉRY, P. MALAPERT, le Dʳ LUCIEN BUTTE, le Dʳ PIERRE RÉGNIER, le Dʳ L. DUFESTEL, le Dʳ LOUIS GUINON, le Dʳ NOBÉCOURT. Préface de M. le Dʳ E. MOSNY.

La lutte contre le crime, par J.-L. DE LANESSAN.

La Belgique et le Congo, par E. VANDERVELDE.

La dépopulation de la France, par le Dʳ J. BERTILLON.

L'enseignement du français, par H. BOURGIN, A. CROISET, P. CROUZET, M. LACABE-PLASTEIG, G. LANSON, CH. MAQUET, J. PRETTRE, G. RUDLER, A. WEIL.

BIBLIOTHÈQUE UTILE

Volumes in-32 de 192 pages chacun.

Chaque volume broché, **60 cent.**

Acloque (A.). Les insectes nuisibles, ravages, moyens de destruction (avec fig.).

Amigues (E.). A travers le ciel.

Bastide. Les guerres de la Réforme. 5ᵉ édit.

Bellet. (D.). Les grands ports maritimes de commerce (avec fig.).

Bère. Histoire de l'armée française

Berget (Adrien.) La viticulture nouvelle. (*Manuel du vigneron.*) 3ᵉ éd.

— La pratique des vins. 2ᵉ éd. (*Guide du récoltant*).

— Les vins de France. (*Manuel du consommateur.*)

Blerzy. Les colonies anglaises. — 2ᵉ édit.

Bondois. (P). L'Europe contemporaine (1789-1879). 2ᵉ édit.

Bouant. Les principaux faits de la chimie (avec fig.).

— Hist. de l'eau (avec fig.).

Brothier. Histoire de la terre. 2ᵉ éd.

Buchez. Histoire de la formation de la nationalité française.
  I. *Les Mérovingiens.* 6ᵉ éd. 1 v.
  II. *Les Carlovingiens.* 3ᵉ éd. 1 v.

Carnot. Révolution française. 8ᵉ éd.
  I. *Période de création*, 1789-1792.
  II. *Période de défense*, 1792-1804.

Catalan. Notions d'astronomie. 6ᵉ édit. (avec fig.).

Collas et Driault. Histoire de l'empire ottoman jusqu'à la révolution de 1909. 4ᵉ édit.

Collier. Premiers principes des beaux-arts (avec fig.).

Combes (L.). La Grèce ancienne. 4ᵉ édit.

Coste (A.). La richesse et le bonheur. 2ᵉ éd.

— Alcoolisme ou épargne. 6ᵉ édit.

Coupin (H.). La vie dans les mers (avec fig.).

Creighton. Histoire romaine.

Cruveilhier. Hygiène générale. 9ᵉ éd.

Debidour (A.) Histoire des rapports de l'Eglise et de l'Etat en France (1789-1871). Abrégé par DUBOIS et SARTHOU.

Despois (Eug.). Révolution d'Angleterre. (1603-1688). 4ᵉ édit.

Doneaud (Alfred). Histoire de la marine française. 4ᵉ édit.

— Histoire contemporaine de la Prusse. 2ᵉ édit.

Dufour. Petit dictionnaire des falsifications. 4ᵉ édit.

Eisenmenger (G.). Les tremblements de terre.

Enfantin. La vie éternelle, passée, présente, future. 6ᵉ éd.

Faque (L.). L'Indo-Chine française. 2ᵉ éd. mise à jour jusqu'en 1910.

Ferrière. Le darwinisme. 9ᵉ éd.

Gaffarel (Paul). Les frontières françaises et leur défense. 2ᵉ édit.

Gastineau (B.). Les génies de la science et de l'industrie. 3ᵉ éd.

Geikie. La géologie (avec fig.). 5ᵉ éd.

Genevoix (F.). Les procédés industriels.

— Les matières premières.

Gérardin. Botanique générale (avec fig.).

Girard de Rialle. Les peuples de l'Asie et de l'Europe.

Grove. Continents et océans, avec fig. 3ᵉ éd.

Guyot (Yves). Les préjugés économiques.

Henneguy. Histoire de l'Italie depuis 1815 jusqu'au cinquantenaire de l'Unité Italienne (1911). 2ᵉ édit.

Huxley. Premières notions sur les sciences. 5ᵉ édit.

Jevons (Stanley). L'économie politique. 11ᵉ édit.

Jouan. Les îles du Pacifique.

— La chasse et la pêche des animaux marins.

Jourdan (J.). La justice criminelle en France. 2ᵉ édit.

Jourdy. Le patriotisme à l'école. 3ᵉ édit.

Larbalétrier (A.). L'agriculture française (avec fig.).

— Les plantes d'appartement, de fenêtres et de balcons (avec fig.).

Larivière (Ch. de). Les origines de la guerre de 1870.

Larrivé. L'assistance publique en France.

Laumonier (Dr J.). L'hygiène de la cuisine.

Leneveux. Le travail manuel en France. 2ᵉ édit.

Lévy (Albert). Histoire de l'air (avec fig.). 3ᵉ édit.

Look (F.). Jeanne d'Arc (1429-1431). 3ᵉ édit.

— Histoire de la Restauration. 5ᵉ édit.

Mahaffy. L'antiquité grecque (avec fig.).

Maigne. Les mines de la France et de ses colonies.

Mayer (G.). Les chemins de fer (avec fig.).

Merklen (P.). La Tuberculose; son traitement hygiénique.

Meunier (G.). Histoire de la littérature française. 5ᵉ éd.

— Histoire de l'art ancien, moderne et contemporain (avec fig.).

Mongredien. Histoire du libre-échange en Angleterre.

Monin. Les maladies épidémiques. Hygiène et prévention (avec fig.).

Morin. Résumé populaire du code civil, 6ᵉ édit., avec un appendice sur *la loi des accidents du travail* et la *loi des associations*.

Noël (Eugène). Voltaire et Rousseau. 5ᵉ édit.

Ott (A.). L'Asie occidentale et l'Egypte. 2ᵉ édit.

Paulhan (F.). La physiologie de l'esprit. 5ᵉ édit. (avec fig.)

Paul Louis. Les lois ouvrières dans les deux mondes.

Petit. Economie rurale et agricole.

Piobat (L.). L'art et les artistes en France. (*Architectes, peintres et sculpteurs*.) 5ᵉ édit.

Quesnel. Histoire de la conquête de l'Algérie.

Raymond (E.). L'Espagne et le Portugal. 3ᵉ édit.

Regnard. Histoire contemporaine de l'Angleterre depuis 1815 jusqu'à l'avènement de Georges V. 2ᵉ édit.

Renard (G.). L'homme est-il libre? 6ᵉ édit.

Robinet. La philosophie positive. A. Comte et P. Laffitte. 6ᵉ éd.

Rolland (Ch.). Histoire de la maison d'Autriche. 3ᵉ édit.

Sérieux et Mathieu. L'Alcool et l'alcoolisme. 4ᵉ édit.

Spencer (Herbert). De l'éducation. 14ᵉ édit.

Turck. Médecine populaire. 7ᵉ édit.

Vaillant. Petite chimie de l'agriculteur.

Zaborowski. L'origine du langage. 7ᵉ édit.

— Les migrations des animaux. 4ᵉ édit.

— Les grands singes. 3ᵉ édit.

— Les mondes disparus (avec fig.) 4ᵉ édit.

— L'homme préhistorique. 8ᵉ édit. (avec fig.)

Zevort (Edg.). Histoire de Louis-Philippe. 4ᵉ édit.

Zurcher (F.). Les phénomènes de l'atmosphère. 8ᵉ édit.

Zurcher et Margollé. Télescope et microscope. 3ᵉ édit.

— Les phénomènes célestes. 2ᵉ éd.

BIBLIOTHÈQUE SCIENTIFIQUE
INTERNATIONALE

Volumes in-8, cartonnés à l'anglaise.

Derniers volumes publiés :

PEARSON (K.). **La grammaire de la science** (*La Phy-sique*). 9 fr.

CYON (E. de). **L'oreille**, illustré. 6 fr.

Précédemment parus :

Sauf indication spéciale, tous ces volumes se vendent 6 francs.

ANDRADE (J.). **Le mouvement**, illustré.

ANGOT. **Les aurores polaires**, illustré.

ARLOING. **Les virus**, illustré.

BAGEHOT. **Lois scientifiques du développement des nations**, 7e édition.

BAIN (ALEX.). **L'esprit et le corps**, 7e édition.

— **La science de l'éducation**, 12e édition.

BENEDEN (VAN). **Les commensaux et les parasites dans le règne animal**, 4e édition, illustré.

BERNSTEIN. **Les sens**, 5e édition, illustré.

BERTHELOT, de l'Institut. **La synthèse chimique**, 10e éd.

— **La révolution chimique**, Lavoisier, ill., 2e édition.

BINET. **Les altérations de la personnalité**, 2e édition.

BINET et FÉRÉ. **Le magnétisme animal**, 5e éd., illustré.

BOURDEAU (L.). **Histoire du vêtement et de la parure.**

BRUNACHE. **Le centre de l'Afrique; autour du Tchad**, ill.

CANDOLLE (A. DE). **Origine des plantes cultivées**, 4e édit.

CARTAILHAC. **La France préhistorique**, 2e éd., illustré.

CHARLTON BASTIAN. **Le cerveau et la pensée**, 2e éd., 2 vol. illustrés.

— **L'évolution de la vie**, avec figures dans le texte et 12 planches hors texte.

COLAJANNI. **Latins et Anglo-Saxons.** 9 fr.

CONSTANTIN (Cor). **Le rôle sociologique de la guerre et le sentiment national.**

COOKE et BERKELEY. **Les champignons**, 4e éd., illustré.

COSTANTIN (J.). **Les végétaux et les milieux cosmiques** (*Adaptation, évolution*), illustré.

— **La nature tropicale**, illustré.

— **Le transformisme appliqué à l'agriculture**, illustré.

CUÉNOT (L.). **La genèse des espèces animales.** (*Cour. par l'Acad. des sciences.*) Illustré. 12 fr.

DAUBRÉE, de l'Institut. **Les régions invisibles du globe et des espaces célestes**, 2e édition, illustré.

DEMENY (G.). **Les bases scientifiques de l'éducation physique**, 5e éd., illustré.

— **Mécanisme et éducation des mouvements**, 4e éd. 9 fr.

DEMOOR, MASSART et VANDERVELDE. **L'évolution régressive en biologie et en sociologie**, illustré.

DRAPER. **Les conflits de la science et de la religion.** 12e éd.

DUMONT (Léon). **Théorie scientifique de la sensibilité, 4ᵉ éd.**
GELLE (E.-M.). **L'audition et ses organes,** illustré.
GRASSET (J.). **Les maladies de l'orientation et de l'équilibre,** illustré.
GROSSE (E.). **Les débuts de l'art,** illustré.
GUIGNET (E.) et E. GARNIER. **La céramique ancienne et moderne,** illustré.
HUXLEY (Th.-H.). **L'écrevisse,** 2ᵉ édition, illustré.
JACCARD. **Le pétrole, le bitume et l'asphalte,** illustré.
JAVAL. **Physiologie de la lecture et de l'écriture,** 2ᵉ éd. illustré.
LAGRANGE (F.). **Physiologie des exercices du corps,** 10ᵉ éd.
LALOY. **Parasitisme et mutualisme dans la nature,** ill.
LANESSAN (De). **Principes de colonisation.**
LE DANTEC. **Théorie nouvelle de la vie,** 5ᵉ éd., illustré.
— **Évolution individuelle et hérédité.** 2ᵉ édit.
— **Les lois naturelles,** illustré.
— **La stabilité de la vie.**
LOEB. **La dynamique des phénomènes de la vie,** ill.   9 fr.
LUBBOCK. **Les sens et l'instinct chez les animaux,** ill.
MALMÉJAC. **L'eau dans l'alimentation,** illustré.
MAUDSLEY. **Le crime et la folie,** 7ᵉ édition.
MEUNIER (Stanislas). **La géologie comparée,** illustré.
— **Géologie expérimentale,** 2ᵉ éd., illustré.
— **La géologie générale,** 2ᵉ édit., illustré.
MEYER (De). **Les organes de la parole,** illustré.
MORTILLET (G. De). **Formation de la nation française,** 2ᵉ édition, illustré.
NIEWENGLOWSKI. **La photographie et la photochimie,** illust.
NORMAN LOCKYER. **L'évolution inorganique,** illustré.
PERRIER (Ed.), de l'Institut. **La philosophie zoologique avant Darwin,** 3ᵉ édition.
PETTIGREW. **La locomotion chez les animaux,** 2ᵉ éd., ill.
QUATREFAGES (A. De). **L'espèce humaine,** 15ᵉ édition.
— **Darwin et ses précurseurs français,** 2ᵉ édition.
— **Les émules de Darwin,** 2 vol.
RICHET (Ch.). **La chaleur animale,** illustré.
ROCHÉ. **La culture des mers en Europe,** illustré.
ROUBINOVITCH (Dʳ J.). **Aliénés et anormaux.** (*Cour. par l'Acad. de Médecine*). Illustré.   6 fr.
SCHMIDT. **Les mammifères dans leurs rapports avec leurs ancêtres géologiques,** illustré.
SCHUTZENBERGER, de l'Institut. **Les fermentations,** 6ᵉ édit. illustré.
SECCHI (Le Père). **Les étoiles,** 3ᵉ édit., 2 vol. illustrés.
SPENCER (H.) **Introduction à la science sociale,** 14ᵉ éd.
— **Les bases de la morale évolutionniste,** 7ᵉ édition.
STALLO. **La matière et la physique moderne,** 3ᵉ édition.
STARCKE. **La famille primitive.**
STEWART (Balfour). **La conservation de l'énergie,** 6ᵉ éd.
THURSTON. **Histoire de la machine à vapeur,** 3ᵉ éd., 2 vol.
TOPINARD. **L'homme dans la nature,** illustré.
VRIES (H. De). **Espèces et variétés,** 1 vol.   12 fr.
WURTZ, de l'Institut. **La théorie atomique,** 8ᵉ édition.

NOUVELLE COLLECTION SCIENTIFIQUE

DIRECTEUR : ÉMILE BOREL, professeur à la Sorbonne.

VOLUMES IN-16 A 3 FR. 50 L'UN

Derniers volumes publiés.

La question de la population, par Paul LEROY-BEAULIEU, membre de l'Institut, professeur au Collège de France.

Les atomes, par Jean PERRIN, professeur de chimie physique à la Sorbonne. Avec gravures.

Le Maroc physique, par L. GENTIL, prof. adjoint à la Sorbonne. Avec cartes.

Précédemment parus.

Éléments de philosophie biologique, par F. LE DANTEC, chargé du cours de biologie générale à la Sorbonne. 3ᵉ éd.

La voix. *Sa culture physiologique. Théorie nouvelle de la phonation*, par le Dʳ P. BONNIER, laryngologiste de la clinique médicale de l'Hôtel-Dieu. Avec grav. 4ᵉ éd.

De la méthode dans les sciences (1ʳᵉ série) : *Avant-propos*, par P.-F. THOMAS. — *De la science*, par ÉMILE PICARD. — *Mathématiques pures*, par J. TANNERY. — *Mathématiques appliquées*, par P. PAINLEVÉ. — *Physique générale*, par M. BOUASSE. — *Chimie*, par M. JOB. — *Morphologie générale*, par A. GIARD. — *Physiologie*, par F. LE DANTEC. — *Sciences médicales*, par PIERRE DELBET. — *Psychologie*, par TH. RIBOT. — *Sciences sociales*, par E. DURKHEIM. — *Morale*, par L. LÉVY-BRUHL. — *Histoire*, par G. MONOD. 2ᵉ éd.

De la Méthode dans les sciences (2ᵉ série) : *Avant-propos*, par ÉMILE BOREL. — *Astronomie, jusqu'au milieu du XVIIIᵉ siècle*, par B. BAILLAUD. — *Chimie physique*, par JEAN PERRIN. — *Géologie*, par LÉON BERTRAND. — *Paléobotanique*, par R. ZEILLER. — *Botanique*, par LOUIS BLARINGHEM. — *Archéologie*, par SALOMON REINACH. — *Histoire littéraire*, par GUSTAVE LANSON. — *Statistique*, par LUCIEN MARCH. — *Linguistique*, par A. MEILLET. 2ᵉ édition.

L'éducation dans la famille. *Les péchés des parents*, par P.-F. THOMAS, professeur au lycée Hoche. 4ᵉ édit. (*Couronné par l'Institut*).

La crise du transformisme, par F. LE DANTEC. 2ᵉ édit.

L'énergie, par W. OSTWALD, prof. honoraire à l'Université de Leipzig (prix Nobel de 1909), traduit de l'allemand par E. PHILIPPI, licencié ès sciences. 3ᵉ édit.

Les états physiques de la matière, par CH. MAURAIN, professeur à la Faculté des Sciences de Caen. 2ᵉ édit. avec figures.

La chimie de la matière vivante, par JACQUES DUCLAUX, préparateur à l'Institut Pasteur. 2ᵉ édit.

L'aviation, par PAUL PAINLEVÉ et ÉMILE BOREL. 5ᵉ édit., revue et augmentée. Avec figures.

La race slave, *statistique, démographie, anthropologie*, par LUBOR NIEDERLE, professeur à l'Université de Prague. Traduit du tchèque et précédé d'une préface par L. LEGER, de l'Institut. Avec une carte en couleurs hors texte.

L'évolution des théories géologiques, par STANISLAS MEUNIER, professeur au Muséum d'Histoire naturelle. Avec gravures.

Science et philosophie, par J. TANNERY, de l'Institut, avec une notice par E. BOREL.

Le transformisme et l'expérience, par E. RABAUD, maître de conférences à la Sorbonne. Avec gravures.

L'Évolution de l'Électrochimie, par W. OSTWALD, professeur à l'Université de Leipzig. Traduit de l'allemand par E. PHILIPPI, licencié ès sciences.

L'Artillerie de campagne, par E. BUAT, chef d'escadrons au 25ᵉ régiment d'artillerie de campagne. *Son histoire, son évolution, son état actuel*. Avec 75 grav.

COLLECTION MÉDICALE

ÉLÉGANTS VOLUMES IN-12, CARTONNÉS A L'ANGLAISE, A 6, 4 ET 3 FRANCS

DERNIERS VOLUMES PUBLIÉS :

Bréviaire de l'arthritique, par le Dʳ M. DE FLEURY, membre de l'Académie de médecine. 4 fr.

Manuel de pathologie. A l'usage des sages-femmes et des mères, par le Dʳ H. DUFOUR, médecin de l'hôpital de la Maternité, avec 53 grav. dans le texte et 14 planches en couleur hors texte. 6 fr.

La médecine préventive du premier âge, par le Dʳ P. LONDE, ancien interne des hôpitaux de Paris. 4 fr.

Manuel de psychiatrie, par le Dʳ REGUES DE FURSAC, médecin en chef des asiles de la Seine. 4ᵉ édit., revue et augmentée. 4 fr.

La démence précoce. *Étude psychologique, médicale et médico-légale*, par le Dʳ CONSTANZA PASCAL, médecin des asiles publics d'aliénés. 4 fr.

Hygiène de l'alimentation dans l'état de santé et de maladie, par le Dʳ J. LAUMONIER, avec gravures. 4ᵉ édition entièrement refondue. 4 fr.

PRÉCÉDEMMENT PARUS :

Manuel de pratique obstétricale à l'usage des sages-femmes, par le Dʳ E. PAQUY, avec 107 gravures dans le texte. 4 fr.

Essais de médecine préventive, par le Dʳ P. LONDE. 4 fr.

La joie passive, par le Dʳ R. MIGNARD. Préface du Dʳ G. DUMAS. 4 fr.

Guide pratique de puériculture, à l'usage des docteurs en médecine et des sages-femmes, par le Dʳ DELÉARDE. 4 fr.

La mimique chez les aliénés, par le Dʳ G. DROMARD. 4 fr.

L'amnésie, par les Dʳˢ G. DROMARD et J. LEVASSORT. 4 fr.

La mélancolie, par le Dʳ R. MASSELON, médecin adjoint à l'asile de Clermont. (*Couronné par l'Académie de médecine.*) 4 fr.

Essai sur la puberté chez la femme, par Mˡˡᵉ le Dʳ MARTHE FRANCILLON, ancien interne des hôpitaux de Paris. 4 fr.

Les nouveaux traitements, par le Dʳ J. LAUMONIER. 2ᵉ éd. 4 fr.

Les embolies bronchiques tuberculeuses, par le Dʳ CH. SABOURIN, médecin du sanatorium de Durtol, avec gravures. 4 fr.

Manuel d'électrothérapie et d'électrodiagnostic, par le Dʳ E. ALBERT-WEIL, avec 88 gravures. 2ᵉ éd. 4 fr.

La mort réelle et la mort apparente, *diagnostic et traitement de la mort apparente*, par le Dʳ S. ICARD, avec gravures. 4 fr.

L'hygiène sexuelle et ses conséquences morales, par le Dʳ S. RIBBING, prof. à l'Univ. de Lund (Suède). 4ᵉ édit. 4 fr.

Hygiène de l'exercice chez les enfants et les jeunes gens, par le Dʳ F. LAGRANGE, lauréat de l'Institut. 9ᵉ édit. 4 fr.

De l'exercice chez les adultes, par *le même*. 7ᵉ édition. 4 fr.

Hygiène des gens nerveux, par le Dʳ LEVILLAIN, avec gravures. 6ᵉ éd. 4 fr.

L'éducation rationnelle de la volonté, son emploi thérapeutique, par le Dr PAUL-EMILE LÉVY. Préface de M. le prof.
BERNHEIM. 8e édition.   4 fr.

L'idiotie. *Psychologie et éducation de l'idiot*, par le Dr J. VOISIN,
médecin de la Salpêtrière, avec gravures.   4 fr.

La famille névropathique, *Hérédité, prédisposition morbide,
dégénérescence*, par le Dr CH. FÉRÉ, médecin de Bicêtre, avec
gravures. 2e édition.   4 fr.

L'instinct sexuel. *Évolution, dissolution,* par le même. 3e éd. 4 fr.

Le traitement des aliénés dans les familles, par le
même. 3e édition.   4 fr.

L'hystérie et son traitement, par le Dr PAUL SOLLIER.   4 fr.

Manuel de percussion et d'auscultation, par le Dr P. SIMON,
professeur à la Faculté de médecine de Nancy, avec grav.   4 fr.

La fatigue et l'entraînement physique, par le Dr PH. TISSIÉ,
avec gravures. Préface de M. le prof. BOUCHARD. 3e édition.   4 fr.

**Les maladies de la vessie et de l'urèthre chez la
femme**, par le Dr KOLISCHER ; trad. de l'allemand par le Dr
BEUTTNER, de Genève; avec gravures.   4 fr.

Grossesse et accouchement, *Étude de socio-biologie et de
médecine légale* par le Dr G. MORACHE, professeur de médecine
légale à l'Université de Bordeaux.   4 fr.

Naissance et mort, *Étude de socio-biologie et de médecine
légale*, par le même.   4 fr.

La responsabilité, *Étude de socio-biologie et de médecine légale*,
par le Dr G. MORACHE, prof. de médecine légale à l'Université de
Bordeaux, associé de l'Académie de médecine.   4 fr.

Traité de l'intubation du larynx *de l'enfant et de l'adulte,
dans les sténoses laryngées aiguës et chroniques*, par le Dr A. BONAIN,
avec 42 gravures.   4 fr.

Pratique de la chirurgie courante, par le Dr M. CORNET,
Préface du Pr OLLIER, avec 111 gravures.   4 fr.

Dans la même collection :

COURS DE MÉDECINE OPÉRATOIRE
de M. le Professeur Félix Terrier :

Petit manuel d'antisepsie et d'asepsie chirurgicales,
par les Drs FÉLIX TERRIER, professeur à la Faculté de médecine de
Paris, et M. PÉRAIRE, ancien interne des hôpitaux, avec grav. 3 fr.

Petit manuel d'anesthésie chirurgicale, par *les mêmes,*
avec 37 gravures.   3 fr.

L'opération du trépan, par *les mêmes,* avec 222 grav.   4 fr.

Chirurgie de la face, par les Drs FÉLIX TERRIER, GUILLEMAIN
et MALHERBE, avec gravures.   4 fr.

Chirurgie du cou, par *les mêmes,* avec gravures.   4 fr.

Chirurgie du cœur et du péricarde, par les Drs FÉLIX
TERRIER et E. REYMOND, avec 79 gravures.   3 fr.

Chirurgie de la plèvre et du poumon, par *les mêmes,*
avec 67 gravures.   4 fr.

MÉDECINE

Dernières publications :

BEURMANN (DE) ET GOUGEROT. **Les sporotrichoses.** 1 fort vol.
gr. in-8 avec 181 fig. et 8 planches.   20 fr.
HALLOPEAU (Paul), chirurgien des Hôpitaux de Paris **La désarti-
culation temporaire dans le traitement des tuberculoses
du pied.** 1 vol. in-8, avec 35 planches hors texte (*Annales de la
clinique chirurgicale du professeur Pierre Delbet*).   10 fr.
Manuel pratique de Kinésithérapie, par L. DUREY, R. HIRSCH-
BERG, R. LEROY, R. MESNARD, G. ROSENTHAL, H. STAPFER, F. WETTER-
WALD, E. ZANDER Jor.
   Publié en 7 fascicules in-8 se vendant séparément ou en 2 fort vol.
in-8, *ensemble.*   25 fr.
Fascicule I. *Le rôle thérapeutique du mouvement. Notions générales*
(WETTERWALD). *Maladies de la circulation* (E. ZANDER Jor).
1 vol. in-8, avec 75 figures.   3 fr.
   —   II. *Gynécologie* (H. STAPFER). 1 vol. in-8, avec 12 fig. 4 fr.
   —   III. *Maladies respiratoires (méthode de l'exercice physiolo-
gique de la respiration)* (G. ROSENTHAL). 1 vol. in-8,
avec 50 figures.   5 fr.
   —   IV. *Kinisithérapie orthopédique* (RENÉ MESNARD). 1 vol. in-8,
avec 91 fig.   3 fr.
   —   V. *Maladies de la nutrition* (WETTERWALD). *Maladies de
la peau* (R. LEROY). 1 vol. in-8, avec 47 figures.   4 fr.
   —   VI. *Les traumatismes et leurs suites* (L. DUREY). 1 vol. in-8,
avec 32 figures.   4 fr.
   —   VII. *La rééducation motrice* (R. HIRSCHBERG). 1 vol. in-8, avec
38 figures.   3 fr.
OBERLAENDER (F.-M.) ET KOLLMANN (A.). **La blennorrhagie
chronique et ses complications.** Traduit par le Dr C. LEPOUTRE.
1 vol. gr. in-8 avec 178 fig. et 3 planches en couleurs hors texte.   15 fr.
STEWART (Dr PIERRE). **Le diagnostic des maladies nerveuses**
Traduction et adaptation française, par le Dr GUSTAVE SCHERB. Préface
de M. le Dr E. HELME. 1 vol. in-8 avec 208 fig. et diagrammes.   15 fr.

PRÉCÉDEMMENT PARUS :

Pathologie et thérapeutique médicales.

CAMUS ET PAGNIEZ. **Isolement et psychothérapie.** *Traitement
de la neurasthénie.* Préface du Pr DÉJERINE. 1 vol. gr. in-8.   9 fr.
Conférence internationale du cancer (2e). Tenue à Paris du
1er au 5 octobre 1910. Travaux publiés sous la direction de M. le Prof.
Pierre DELBET et du Dr R. LEDOUX-LEBARD. 1 vol. gr. in-8.   20 fr.
CORNIL (V.), RANVIER, BRAULT ET LETULLE. **Manuel d'histo-
logie pathologique.** 3e édition, entièrement remaniée.
   TOME I, par MM. RANVIER, CORNIL, BRAULT, F. BEZANÇON et
M. CAZIN. *Histologie normale. Cellules et tissus normaux. Géné-
ralités sur l'histologie pathologique. Altération des cellules et
des tissus. Inflammations. Tumeurs. Notions sur les bactéries.
Maladies des systèmes et des tissus. Altérations du tissu conjonc-
tif.* 1 vol. in-8, avec 387 grav. en noir et en coul.   25 fr.
   TOME II, par MM. DURANTE, JOLLY, DOMINICI, GOMBAULT et PHILIPPE.
*Muscles. Sang et hématopoïèse. Généralités sur le système ner-
veux.* 1 vol. in-8, avec 278 grav. en noir et en couleurs.   25 fr.
   TOME III, par MM. GOMBAULT, NAGEOTTE, A. RICHE, R. MARIE,
DURANTE, LEGRY, F. BEZANÇON. *Cerveau. Moelle. Nerfs. Cœur.
Larynx. Ganglion lymphatique. Rate.* 1 vol. in-8, avec
382 grav. en noir et en couleurs.   35 fr.
   TOME IV ET DERNIER, par MM. MILIAN, DIEULAFÉ, DECLOUX, RIBADEAU-
DUMAS, CRITZMANN, COURCOUX, BRAULT, LEGRY, HALLÉ, KLIPPEL et
LEFAS. *Poumon. Bouche. Tube digestif. Estomac. Intestin. Foie.
Rein. Vessie et urèthre. Pancréas.* 2 vol. in-8.   45 fr.

DESCHAMPS (A.). **Les maladies de l'énergie.** Les asthénies générales. *Épuisements, insuffisances, inhibitions.* (Clinique et Thérapeutique). Préface de M. le professeur RAYMOND. 1 vol. In-8. 2ᵉ édit. 8 fr.

FINGER (E.). **La syphilis et les maladies vénériennes.** Trad. par les Dʳˢ SPILLMANN et DOYON. 3ᵉ édit. Avec 8 pl. h. texte.   12 fr.

FLEURY (M. DE), de l'Académie de médecine. **Introduction à la médecine de l'esprit.** 9ᵉ édit. 1 vol. in-8.   7 fr. 50
— **Les grands symptômes neurasthéniques.** 4ᵉ éd. In-8. 7 fr. 50
— **Manuel pour l'étude des maladies du système nerveux.** 1 vol. gr. in-8, avec 132 grav. en noir et en couleurs, cart. à l'angl. 25 fr.

FRENKEL (H. S.). **L'ataxie tabétique.** *Ses origines, son traitement.* Préface de M. le Prof. RAYMOND. 1 vol. in-8.   8 fr.

HARTENBERG (P.). **Psychologie des neurasthéniques.** 2ᵉ édition. 1 vol. in-16.   3 fr. 50
— **L'hystérie et les hystériques.** 1 vol. in-16.   3 fr. 50

JANET (P.) ET RAYMOND (F.). **Névroses et idées fixes.**
TOME I. — *Études expérimentales*, par P. JANET. 2ᵉ éd. 1 vol. gr. in-8 avec 68 gr.   12 fr.
TOME II. — *Fragments des leçons cliniques*, par F. RAYMOND et P. JANET. 2ᵉ éd. 1 vol. grand in-8, avec 97 gravures.   14 fr.
(*Couronné par l'Académie des Sciences et par l'Académie de médecine.*)

JANET (P.) ET RAYMOND (F.). **Les obsessions et la psychasthénie.**
TOME I. — *Études cliniques et expérimentales*, par P. JANET. 2ᵉ édit. 1 vol. gr. in-8, avec grav. dans le texte.   18 fr.
TOME II. — *Fragments des leçons cliniques*, par F. RAYMOND et P. JANET. 2ᵉ édit. 1 vol. in-8 raisin, avec 22 gravures dans le texte.   14 fr.

JANET (Dʳ Pierre). **L'État mental des hystériques.** 2ᵉ édition. 1 vol. in-8, avec gravures dans le texte.   18 fr.

JOFFROY (le prof.) ET DUPOUY. **Fugues et vagabondage.** 1 vol. in-8.   7 fr.

LABADIE-LAGRAVE ET LEGUEU. **Traité médico-chirurgical de gynécologie.** 3ᵉ édition, entièrement remaniée. 1 vol. grand in-8. avec nombreuses fig., cart. à l'angl.   25 fr.

LE DANTEC (F.). **Introduction à la pathologie générale.** 1 fort vol. gr. in-8.   15 fr.

LÉPINE (le prof. R.). **Le diabète sucré.** 1 vol. gr. in-8   16 fr.

MACKENSIE (Dʳ J.). **Les maladies du cœur.** Traduit par le Dʳ FRANÇON. Préface du Dʳ H. VAQUEZ. 1 vol. in-8 avec 280 fig. 15 fr.

MARIE (Dʳ A.). **Traité international de psychologie pathologique.** TOME 1 : *Psychopathologie générale*, par MM. les Pʳˢ GRASSET, DEL GRECO, Dʳ A. MARIE, Prof. MALLY, MINGAZZINI, Dʳˢ DIDE, KLIPPEL, LEVADITI, LUGARO, MARINESCO, MÉDÉA, L. LAVASTINE, Prof. MARRO, CLOUSTON, BECHTEREW, FERRARI, Prof. CARRARRA. 1 vol. gr. in-8, avec 353 gr. dans le texte.   25 fr.
TOME II : *Psychopathologie clinique*, par MM. les Pʳˢ BAGENOFF, BECHTEREW, Dʳˢ COLIN, CAPGRAS, DENY, HESNARD, LHERMITTE, MAGNAN, A. MARIE, Pʳˢ PICK, PILCZ, Dʳˢ RICHE, ROUBINOVITCH. SÉRIEUX, SOLLIER, Pʳ ZIEHEN, 1 vol. gr. in-8, avec 341 gr. 25 fr.
TOME III ET DERNIER. *Psychologie appliquée*, par MM. les Prof. BAGENOFF, BIANCHI, SIKORSKY, G. DUMAS, HAVELOCK-ELLIS, Dʳˢ CULLERRE, A. MARIE, DEXLER, Prof. SALOMONSEN. 1 vol. gr. in-8 avec grav.

MOSSÉ. **Le diabète et l'alimentation aux pommes de terre.** 1 vol. in-8.   5 fr.

REVAULT D'ALLONNES (Dʳ G.). **L'affaiblissement intellectuel chez les déments.** 1 vol. in-8.   5 fr.

SÉRIEUX et CAPGRAS. **Les folies raisonnantes.** 1 vol. in-8. 7 fr.

SOLLIER (P.). **Genèse et nature de l'hystérie.** 2 vol. in-8. 20 fr.

Pathologie et thérapeutique chirurgicales.

BOECKEL (J. et A.). **Des fractures du rachis cervical sans symptômes médullaires.** 1 vol. in-8 avec planches. 8 fr.

CORNIL (le prof. V.). **Les tumeurs du sein.** 1 vol. gr. in-8, avec 169 fig. dans le texte. 12 fr.

DURET (H.). **Les·tumeurs de l'encéphale.** *Manifestations et chirurgie.* 1 fort vol. gr. in-8, avec 300 figures. 20 fr.

ESTOR (le prof.). **Guide pratique de chirurgie infantile.** 1 vol. in-8, avec 165 gravures. 2e édition, revue et augmentée. 8 fr.

HENNEQUIN et LOEWY. **Les luxations des grandes articulations, leur traitement pratique.** 1 vol. gr. in-8, avec 125 grav. dans le texte. 16 fr.

LE DAMANY (Dr P.). **La luxation congénitale de la hanche.** 1 fort vol. gr. in-8 avec 486 fig. 15 fr.

LEGUEU (Prof. F.). **Traité chirurgical d'urologie.** Préface de M. le Prof. Guyon. 1 fort vol. gr. in-8 de VIII-1382 p., avec 663 grav. dans le texte et 8 pl. en couleurs hors texte, cartonné à l'angl. 40 fr.
— **Leçons de clinique chirurgicale** (Hôtel-Dieu, 1901). 1 vol. grand in-8, avec 71 gravures dans le texte. 12 fr.

MONOD (Pr Ch.) et VANVERTS (J.). **Chirurgie des artères,** *Rapport au XXIIe Congrès de chirurgie.* 1 vol. in-8. 2 fr.

NIMIER (H.). **Blessures du crâne et de l'encéphale par coup de feu.** 1 vol. in-8, avec 150 fig. 15 fr.

NIMIER (H.) et LAVAL. **Les projectiles de guerre.** 1 v. in-12, av. gr. 3 fr.
— **Les explosifs, les poudres, les projectiles d'exercice,** leur action et leurs effets vulnérants. 1 vol. in-12, avec grav. 3 fr.
— **Les armes blanches,** leur action et leurs effets vulnérants. 1 vol. in-12, avec grav. 6 fr.
— **De l'infection en chirurgie d'armée,** 1 v. in-12, avec gr. 6 fr.
— **Traitement des blessures de guerre.** 1 fort vol. in-12, avec gravures. 6 fr.

REVERDIN (Pr J.-L.). **Leçons de chirurgie de guerre.** *Des blessures faites par les balles des fusils.* Préface de H. Nimier. 1 vol. in-8, avec 7 pl. en phototypie hors texte. 7 fr. 50

TERRIER (F.) et AUVRAY (M.). **Chirurgie du foie et des voies biliaires.** — Tome I. *Traumatismes du foie et des voies biliaires.* — *Foie mobile.* — *Tumeurs du foie et des voies biliaires.* 1 vol. gr. in-8, avec 50 gravures. 10 fr.
Tome II. *Echinococcose hydatique commune.* — *Kystes alvéolaires.* — *Suppurations hépatiques.* — *Abcès tuberculeux intra-hépatique.* — *Abcès de l'actinomycose.* 1 vol. gr. in-8, avec 47 gravures. 12 fr.

Thérapeutique. Pharmacie. Hygiène.

BOSSU. **Petit compendium médical.** 6e édit. in-32, cart. 1 fr. 25

BOUCHARDAT. **Nouveau formulaire magistral.** 34e édition. *Collationnée avec le Codex de 1908.* 1 vol. in-18, cart. 4 fr.

BOUCHARDAT et DESOUBRY. **Formulaire vétérinaire,** 6e édit. 1 vol. in-18, cartonné. 4 fr.

BOUCHUT et DESPRÈS. **Dictionnaire de médecine et de thérapeutique médicale et chirurgicale,** comprenant le résumé de la médecine et de la chirurgie, les indications thérapeutiques de chaque maladie, la médecine opératoire, les accouchements, l'oculistique, l'odontotechnie, les maladies d'oreilles, l'électrisation, la matière médicale, les eaux minérales, et un formulaire spécial pour chaque maladie, mis au courant de la science par les Drs Marion et F. Bouchut. 7e édition, très augmentée, 1 vol. in-4, avec 1097 fig. dans le texte et 3 cartes. Broché, 25 fr. ; relié. 30 fr.

HARTENBERG (Dʳ P.). **Traitement [des neurasthéniques.**
1 vol. in-16.   3 fr. 50

LAGRANGE (F.). **La médication par l'exercice.** 1 vol. grand in-8,
avec 68 grav. et une carte en couleurs. 3ᵉ éd.   12 fr.
— **Les mouvements méthodiques et la « mécanothérapie ».**
1 vol. in-8, avec 55 gravures.   10 fr.

LAGRANGE (F.). **Le traitement des affections du cœur par
l'exercice et le mouvement.** 1 vol. in-8 avec figures.   6 fr.
— **La fatigue et le repos.** 1 vol. in-8, publié avec le concours du
Dʳ DE GRANDMAISON. 1 vol. in-8.   6 fr.

LAHOR (Dʳ Cazalis) et Lucien GRAUX. **L'alimentation à bon
marché saine et rationnelle.** 1 vol. in-16. 2ᵉ édit.   3 fr. 50

LÉVY (Dʳ P.-E.). **Neurasthénie et névroses.** *Leur guérison défini-
tive en cure libre.* 2ᵉ édit. 1 vol. in-16.   5 fr.

RICHET (Pʳ Cʜ.). **L'anaphylaxie.** 2ᵉ édit. 1 vol. in-16.   3 fr. 50

UNNA. **Thérapeutique des maladies de la peau.** Traduit de
l'allemand par les Dʳˢ DOYON et SPILLMANN. 1 vol. gr. in-8.   8 fr.

Anatomie. Physiologie.

BELZUNG. **Anatomie et physiologie animales.** 10ᵉ édition revue.
1 fort vol. in-8, avec 522 grav. dans le texte, broché, 6 fr.; cart. 7 fr.

CHASSEVANT. **Précis de chimie physiologique.** 1 vol. gr. in-8;
avec figures.   10 fr.

CYON (E. DE). **Les nerfs du cœur.** 1 vol. gr. in-8 avec fig.   6 fr.

DEBIERRE. **Atlas d'ostéologie.** 1 vol. in-4, avec 253 grav. en noir et
en couleurs, cart. toile dorée.   12 fr.

DEMENY (G.). **Mécanisme et éducation des mouvements.** 4ᵉ éd.
1 vol. in-8, avec grav. cart.   9 fr.

DUBUISSON (P.) ET VIGOUROUX (A.). **Responsabilité pénale et
folie.** 1 vol. in-8.   7 fr. 50

DUPOUY (R.). **Les Opiomanes.** *Mangeurs, buveurs et fumeurs
d'opium.* 1 vol. in-8.   5 fr.

GELLÉ. **L'audition et ses organes.** 1 vol. in-8, avec grav. .   6 fr.

GLEY (E.). **Études de psychologie physiologique et pathologique.** 1 vol. in-8, avec gravures.   5 fr.

JAVAL (E.). **Physiologie de la lecture et de l'écriture.** 1 vol.
in-8. 2ᵉ édit.   6 fr.

LE DANTEC. **L'unité dans l'être vivant.** *Essai d'une biologie chimique.* 1 vol. in-8.   7 fr. 50
— **Les limites du connaissable.** *La vie et les phénomènes naturels.*
2ᵉ édit. 1 vol. in-8.   3 fr. 75
— **Traité de biologie.** 2ᵉ éd. 1 vol. grand in-8, avec fig. 15 fr.

RICHET (Ch.), professeur à la Faculté de médecine de Paris, **Diction
naire de physiologie,** publié avec le concours de savants français et
étrangers. Formera 12 à 15 volumes grand in-8, se composant chacun
de 3 fascicules; chaque volume, 25 fr.; chaque fascicule, 8 fr. 50. Huit
volumes parus.
TOME I (*A-Bac*). — TOME II (*Bac-Cer*). — TOME III (*Cer-Cob*). —
TOME IV (*Cob-Dig*). — TOME V (*Dig-Fac*). — TOME VI (*Fiam-Gal*).
— TOME VII (*Gal-Gra*). — TOME VIII (*Gra-Hys*).

SNELLEN. **Echelle typographique pour mesurer l'acuité de
la vision.** 17ᵉ édition.   4 fr.

REVUE DE MÉDECINE

Directeurs : MM. les Professeurs BOUCHARD, de l'Institut ; CHAUFFARD, CHAUVEAU, de l'Institut ; LANDOUZY ; LÉPINE, correspondant de l'Institut ; PITRES ; ROGER et VAILLARD. Rédacteurs en chef : MM. LAN-DOUZY et LÉPINE. Secrétaire de la Rédaction : JEAN LÉPINE. Secrétaire adjoint : R. DEBRÉ.

REVUE DE CHIRURGIE

Directeurs : MM. les Professeurs E. QUÉNU, PIERRE DELBET, PIERRE DUVAL, A. PONCET, F. LEJARS, F. GROSS, E. FORGUE, A. DES-MONS, E. CESTAN. Rédacteur en chef : E. QUÉNU, Secrétaire de la rédaction : X. DELORE.

La *Revue de médecine* et la *Revue de chirurgie* paraissent tous les mois ; chaque livraison de la *Revue de médecine* contient de 5 à 6 feuilles grand in-8, avec gravures ; chaque livraison de la *Revue de chirurgie* contient de 10 à 14 feuilles grand in-8, avec gravures.

32e année, 1913.

PRIX D'ABONNEMENT :

Pour la Revue de Médecine. Un an, du 1er janvier, Paris. 20 fr. — Départements et étranger. 23 fr. — La livraison : 2 fr.

Pour la Revue de Chirurgie. Un an, du 1er janvier, Paris. 30 fr. — Départements et étranger. 33 fr. — La livraison : 3 fr.

Les deux Revues réunies : un, an Paris, 45 fr. départ. et étranger. 50 fr.

JOURNAL DE L'ANATOMIE
et de la Physiologie normales et pathologiques
de l'homme et des animaux.

Rédacteurs en chef : MM. les professeurs RETTERER et TOURNEUX. Avec le concours de MM. BRANCA, G. LOISEL et A. SOULIÉ.

50e année, 1913. — PARAIT TOUS LES DEUX MOIS.

ABONNEMENT, un an. : Paris, 30 fr. ; départ et étr., 33 fr. La livr. 6 fr.

JOURNAL DE PSYCHOLOGIE
normale et pathologique.

DIRIGÉ PAR LES DOCTEURS

PIERRE JANET   ET   G. DUMAS
Professeur au Collège de France.   Professeur-adjoint à la Sorbonne.
de France.

10e année, 1913. — PARAIT TOUS LES DEUX MOIS.

ABONNEMENT, un an, du 1er janvier, 14 fr. — La livraison, 2 fr. 60
Le prix est de 12 fr. pour les abonnés de la Revue philosophique.

REVUE ANTHROPOLOGIQUE

faisant suite à la *Revue de l'École d'Anthropologie de Paris.*
Recueil mensuel publié par les professeurs de l'Ecole d'Anthropologie.
ABONNEMENT, un an, du 1er janvier : France et Etranger, 10 fr.
La livraison, 1 fr.

ÉCONOMIE POLITIQUE — SCIENCE FINANCIÈRE

COLLECTION DES ÉCONOMISTES
ET PUBLICISTES CONTEMPORAINS
FORMAT IN-8.

VOLUMES RÉCEMMENT PUBLIÉS

ARNAUNÉ (A.), ancien directeur de la Monnaie, membre de l'Institut.
La monnaie, le crédit et le change. 5ᵉ édition, revue et augmentée.
1 vol. in-8. . . . . 8 fr.
— **Le commerce extérieur et les tarifs de douane.** 1 vol. in-8. . . 8 fr.
BLOCH (R.) et CHAUMEL (H). Traité théorique et pratique des conseils
de Prud'hommes. 1 vol. in-8. . . . . 12 fr.
LEROY-BEAULIEU (P.), de l'Institut. **Traité de la science des finances.**
8ᵉ édition, revue et augmentée. 2 forts vol. in-8 . . . . 25 fr.
MARTIN (E.). **Histoire financière et économique de l'Angleterre** (1066-
1902). 2 vol. in-8. . . . . 20 fr.
PINOT (P.) et COMOLET-TIRMAN (J.). **Traité des retraites ouvrières.**
2ᵉ éd., revue et mise à jour. 1 vol. in-8. . . . . 6 fr.
RAFFALOVICH (A.). Le marché financier (1911-1912). 1 vol. gr. in-8. 12 fr.

PRÉCÉDEMMENT PARUS

ANTOINE (Ch.). **Cours d'économie sociale.** 4ᵉ édition, revue et
augmentée. 1 vol. in-8. . . . . 9 fr.
BLANQUI, de l'Institut. **Histoire de l'économie politique en Europe,**
depuis les Anciens jusqu'à nos jours, 5ᵉ édition. 1 vol. in-8. . . 8 fr.
BLUNTSCHLI. **Théorie générale de l'État,** traduit de l'allemand par
M. DE RIEDMATTEN. 3ᵉ édition. 1 vol. in-8. . . . . 9 fr.
COLSON (C.), de l'Institut. **Cours d'économie politique,** professé à l'École
nationale des ponts et chaussées.
     Livre I. — *Théorie générale des phénomènes économiques.* 2ᵉ édition
       revue et augmentée. . . . . 6 fr.
     — II. — *Le travail et les questions ouvrières.* 3ᵉ tirage. . . 6 fr.
     — III. — *La propriété des biens corporels et incorporels.* 2ᵉ tirᵉ. 6 fr.
     — IV. — *Les entreprises, le commerce et la circulation.* 2ᵉ tirᵉ. 6 fr.
     — V. — *Les finances publiques et le budget de la France.* . 6 fr.
     — VI. — *Les travaux publics et les transports.* . . . . . . 6 fr.
— SUPPLÉMENT ANNUEL aux *Livres IV, V et VI,* (1911) broch. in-8. 1 fr.
COURCELLE-SENEUIL, de l'Institut. **Traité théorique et pratique**
d'économie politique. 3ᵉ édition, revue et corrigée. 2 vol. in-18. 7 fr.
— **Traité théorique et pratique des opérations de banque.** *Dixième*
édition, revue et mise à jour, par A. LIESSE, professeur au Conservatoire
des arts et métiers. 1 vol. in-8. . . . . 9 fr.
COURTOIS (A.). Histoire des banques en France. 2ᵉ édition. 1 v. in-8. 8 fr. 50
EICHTHAL (Eugène d'), de l'Institut. **La formation des richesses et ses**
conditions sociales actuelles, *notes d'économie politique.* . . 7 fr. 50
FIX (Th.). **Observations sur l'état des classes ouvrières.** In-8. . 5 fr.
HAUTEFEUILLE. **Des droits et des devoirs des nations neutres en**
temps de guerre maritime. 3ᵉ édit. refondue. 3 forts vol. in-8. 22 fr. 50
— **Histoire des origines, des progrès et des variations du droit mari-**
time international. 2ᵉ édition. 1 vol. in-8. . . . . 7 fr. 50
LEROY-BEAULIEU (P.), de l'Institut. **Traité théorique et pratique d'éco-**
nomie politique. 5ᵉ édition revue et augmentée. 5 vol. in-8. . 36 fr.
— **Essai sur la répartition des richesses** et sur la tendance à une moindre
inégalité des conditions. 3ᵉ édit., revue et corrigée. 1 vol. in-8. 9 fr.
— **L'État moderne et ses fonctions.** 4ᵉ édition. 1 vol. in-8. . . . 9 fr.
— **Le collectivisme,** *examen critique du nouveau socialisme.* — *L'Évolu-*
tion du Socialisme depuis 1895. — *Le syndicalisme.* 5ᵉ édit., revue et
augmentée. 1 vol. in-8. . . . . 9 fr.
— **De la colonisation chez les peuples modernes.** 6ᵉ édition. 2 vol. in-8. 20 fr.

LIESSE (A.), professeur au Conservatoire national des arts et métiers, **Le travail** *aux points de vue scientifique, industriel et social.* 1 vol. in-8. . . . . 7 fr 50
MARTIN-SAINT-LEON (E.), conservateur de la bibliothèque du Musée Social. **Histoire des corporations de métiers,** *depuis leurs origines jusqu'à leur suppression en 1791,* suivie d'une étude sur l'*Évolution de l'Idée corporative de 1791 à nos jours* et sur le *Mouvement syndical contemporain.* Deuxième édition, revue et mise au courant. 1 fort vol. in-8. *(Couronné par l'Académie française)* . . . . 10 fr.
NEYMARCK (A.). **Finances contemporaines.** — Tome I. *Trente années financières, 1872-1901.* 1 vol. in-8, 7 fr. 50. — Tome II. *Les budgets, 1872-1903.* 1 vol. in-8, 7 fr. 50. — Tome III. *Questions économiques et financières, 1872-1904.* 1 vol. in-8, 10 fr. — Tomes IV-V : *L'obsession fiscale, questions fiscales, propositions et projets relatifs aux impôts depuis 1871 jusqu'à nos jours.* 2 vol. in-8. — Tomes VI et VII. *L'épargne française et les valeurs mobilières (1872-1910).* 2 vol. in-8. . . 15 fr.
NOVICOW (J.). **Le problème de la misère et les phénomènes économiques naturels.** 1 vol. in-8. . . . . 7 fr. 50
PASSY (H.), de l'Institut. **Des formes de gouvernement et des lois qui les régissent.** 2e édition. 1 vol. in-8. . . . . 7 fr. 50
PAUL-BONCOUR. **Le fédéralisme économique et le syndicalisme obligatoire,** préface de WALDECK-ROUSSEAU. 1 vol. in-8. 2e édit . . 6 fr.
RAFFALOVICH (A.). **Le marché financier.** Années 1891. 1 vol. 5 fr. 1892. 1 vol. 5 fr. 1893 à 1894, *épuisé.* 1894-1895 à 1896-1897. Chacune 1 vol. 7 fr. 50; 1897-1898 et 1898-1899, chacune 1 vol. 10 fr. 1899-1900 à 1901-1902, *épuisés;* 1902-1903 à 1910-1911, chacune 1 vol. . . . 12 fr.
RICHARD (A.). **L'organisation collective du travail,** préface par Yves GUYOT. 1 vol. grand in-8. . . . . 6 fr.
ROSSI (P.), de l'Institut. **Cours d'économie politique,** 5e éd. 4 v. in-8. 15 fr.
— **Cours de droit constitutionnel,** 2e édition. 4 vol. in-8. . . . . 15 fr.
STOURM (R.), de l'Institut. **Les systèmes généraux d'impôts.** 3e édition revisée et mise au courant. 1 vol. in-8 . . . . 10 fr.
— *Cours de finances.* **Le budget, son histoire et son mécanisme.** 7e édition revue et mise au courant. 1 vol. in-8 . . . . 10 fr.
VILLEY (ED.). **Principes d'Économie politique.** 3e édit. 1 vol. in-8. 10 fr.
WEULERSSE (G.). **Le mouvement physiocratique en France de 1856 à 1870.** 2 vol. in-8 . . . . 25 fr.

BIBLIOTHÈQUE DES SCIENCES MORALES ET POLITIQUES

VOLUMES RÉCEMMENT PUBLIÉS.

GEORGES-CAHEN. **Le logement dans les villes.** 1 vol. in-16. . 3 fr. 50
Concentration des entreprises industrielles et commerciales (La), par A. FONTAINE, L. MARCH, P. DE ROUSIERS, F. SAMAZEUILH, A. SAYOUS. G. VEILLAT, P. WEISS. 1 vol. in-16. . . . . 3 fr. 50
DUGUIT (L.). **Les transformations générales du droit privé depuis le code Napoléon.** 1 vol. in-16. . . . . 3 fr. 50
Femme (La). *Sa situation réelle. Sa situation idéale,* par J. A. THOMSON, MME THOMSON, Mlle L. I. LUMSDEN, Mme LENDRUM, Mlle SHEAVYN, M. T. S. CLOUSTON, Mlle F. MELVILLE, Mlle E. PEARSON, M. R. LODGE. Préface de Sir OLIVER LODGE. 1 vol. in-16 . . . . 3 fr. 50
Grands marchés financiers (Les). *France* (Paris et province). *Londres, Berlin, New-York,* par A. AUPETIT, L. BROCARD, J. ARMAGNAC, G. DELAMOTTE, G. AUBERT. 1 vol. in-16. . . . . 3 fr. 50
GUYOT (YVES). **La gestion par l'État et les municipalités.** 1 vol. in-16 . . . . 3 fr. 50
LAYCOCK (F. U.). **L'économie politique dans une coque de noix.** Trad. par Mlle DIDIER. Introduction de *Yves Guyot.* 1 vol. in-16. . 3 fr. 50
VANDERVELDE (E.). **La coopération neutre et la coopération socialiste.** 1 vol. in-16. 3 fr. 50

PRÉCÉDEMMENT PARUS

ANTONELLI (E.). **Les actions de travail dans les sociétés anonymes à participation ouvrière.** Préface d'Aristide BRIAND. 1 vol. in-16. 2 fr. 50

AUCUY (M.). **Les systèmes socialistes d'échange.** 1 vol. in-16. 3 fr. 50

BASTIAT (Frédéric). **Œuvres complètes,** précédées d'une *Notice* sur sa vie et ses écrits. 7 vol. in-18. . . . . 24 fr. 50
I. *Correspondance. — Premiers écrits.* 3e édition, 3 fr. 50; — II. *Le Libre-Échange.* 3e édition, 3 fr. 50; — III. *Cobden et la Ligue.* 4e édition ,2 fr. 50; — IV et V. *Sophismes économiques. — Petits pamphlets.* 6e édit. 2 vol. ensemble, 7 fr. ; — VI. *Harmonies économiques.* 9e édition, 3 fr. 50; — VII. *Essais. — Ébauches. — Correspondance.* . . 3 fr. 50

BELLET (D.). **Le chômage et son remède.** Préface de Paul LEROY-BEAULIEU. 1 vol. in-16. . . . . 3 fr. 50

BOURDEAU (J.). **Entre deux servitudes.** *Démocratie, socialisme, syndicalisme, impérialisme,* etc. 1 vol. in-16. . . . . 3 fr. 50

BROUILHET (Ch.). **Le conflit des doctrines dans l'économie politique contemporaine.** 1 vol. in-16. . . . . 3 fr. 50

CHALLAYE. **Syndicalisme révolutionnaire et syndicalisme réformiste.** 1 vol. in-16. . . . . 2 fr. 50

COURCELLE-SENEUIL (J.-G.). **Traité théorique et pratique d'économie politique.** 3e édit. 2 vol. in-18. . . . . 7 fr.
— **La société moderne.** 1 vol. in-18. . . . . 5 fr.

DEPUICHAULT. **La fraude successorale par le procédé du compte-joint.** Préface de M. Paul LEROY-BEAULIEU. 1 vol. in-16 . . . 3 fr. 50

DOLLÉANS. **Robert Owen (1771-1858).** 1 vol. in-18. . . . . . 3 fr. 50

DUGUIT (L.). **Le droit social, le droit individuel et la transformation de l'État.** 1 vol. in-16, 2e édit. . . . . 2 fr. 50

EICHTHAL (E. D'), de l'Institut. **La liberté individuelle du travail et les menaces du législateur.** 1 vol. in-16. . . . . 2 fr. 50

Forces productives de la France (Les), par MM. P. BAUDIN, P. LEROY-BAULIEU, MILLERAND, ROUME, J. THIERRY, E. ALLIX, J.-C. CHARPENTIER, H. DE PEYERIMHOFF, P. DE ROUSIERS, D. ZOLLA. 1 vol. in-16. 3 fr. 50

GAUTHIER (A.-E.), sénateur, ancien ministre. **La réforme fiscale par l'impôt sur le revenu.** 1 vol. in-18. . . . . 3 fr. 50

GUYOT (Yves). **Les chemins de fer et la grève.** 1 vol. in-16. 3 fr. 50

LACHAPELLE (G.). **La représentation proportionnelle en France et en Belgique.** 1 vol. in-16. . . . . 3 fr. 50

LESEINE (L.) et SURET (L.). **Introduction mathématique à l'étude de l'économie politique.** 1 vol. in-16 avec figures. . . . . . 3 fr.

LIESSE, professeur au Conservatoire des arts et métiers. **La statistique, ses difficultés, ses procédés, ses résultats.** 2e éd. 1 vol. in-18. 2 fr. 50
— **Portraits de financiers.** OUVRARD, MOLLIEN, GAUDIN, BARON LOUIS. CORVETTO, LAFFITE, DE VILLÈLE. 1 vol. in-18. . . . . . 3 fr. 50

MARGUERY (E.). **Le droit de propriété et le régime démocratique.** 1 vol. in-18. . . . . 2 fr. 50

MAURY (F.). **Le port de Paris.** 3e édit. 1 vol. in-16. . . . . 3 fr. 50

MERLIN (R.), biblioth. archiviste du Musée social. **Le contrat de travail, les salaires, la participation aux bénéfices.** 1 v. in-18. . . . 2 fr. 50

MILHAUD (Mlle Caroline). **L'ouvrière en France,** 1 vol. in-18. 2 fr. 50

MILHAUD (Edg.), professeur d'économie politique à l'Université de Genève. **L'imposition de la rente.** *Les engagements de l'État, les intérêts du crédit public, l'égalité devant l'impôt.* 1 vol. in-16. . 3 fr. 50

MOLINARI (G. DE). **Questions économiques à l'ordre du jour.** In-18. 3 fr. 50
— **Les problèmes du XXe siècle.** 1 vol. in-18. . . . . . . 3 fr. 50
— **Théorie de l'Évolution.** *Économie de l'histoire.* 1 vol. in-16. 3 fr. 50

NOUEL (R.). **Les Sociétés par actions,** *leur réforme,* préface de P. BAUDIN. 1 vol. in-16. . . . . 3 fr. 50

PAWLOWSKI (A.). **La Confédération générale du travail.** Préface de J. BOURDEAU. 1 vol. in-16. . . . . 2 fr. 50
— **Les syndicats jaunes.** 1 vol. in-16. . . . . 2 fr. 50
— **Les syndicats féminins et les syndicats mixtes en France.** 1 vol. in-16. . . . . 2 fr. 50

PIC (P.), prof. à la Faculté de droit de Lyon. **La protection légale des travailleurs et le droit international ouvrier.** 1 vol. in-16 . . **2 fr. 50**

Politique budgétaire en Europe (La), par MM. A. LEBON, G. BLONDEL, R.-G. LÉVY, A. RAFFALOVICH, C. LAURENT, C. PICOT, H. GANS. 1 vol. in-16 . . . . **3 fr. 50**

RICHARD (M.). **Le régime minier.** 1 vol. in-16. . . . . . . **3 fr. 50**

STUART MILL (J.). **Le gouvernement représentatif.** Traduction et *Introduction*, par M. DUPONT-WHITE. 3ᵉ édition. 1 vol. in-18 . **4 fr.**

COLLECTION
D'AUTEURS ÉTRANGERS CONTEMPORAINS

Histoire — Morale — Économie politique — Sociologie

Format in-8. (Pour le cartonnage, **1 fr. 50** en plus.)

BAMBERGER. — **Le Métal argent au XIXᵉ siècle.** . . . . 6 fr. 50
C. ELLIS STEVENS. — **Les Sources de la Constitution des États-Unis** *étudiées dans leurs rapports avec l'histoire de l'Angleterre et de ses Colonies.* Traduit par LOUIS VOSSION. . . . . 7 fr. 50
GOSCHEN. — **Théorie des Changes étrangers.** Traduction et préface de M. LÉON SAY. *Quatrième édition française* suivie du *Rapport de 1875 sur le paiement de l'indemnité de guerre,* par le même. . 7 fr. 50
HOWELL. — **Le Passé et l'Avenir des Trade Unions.** *Questions sociales d'aujourd'hui.* Trad. et préf. de M. LE COUR GRANDMAISON. 5 fr. 50
KIDD. — **L'évolution sociale.** Traduit par M. P. LE MONNIER. 7 fr. 50
NITTI. — **Le Socialisme catholique.** . . . . 7 fr. 50
RUMELIN. — **Problèmes d'Économie politique et de Statistique.** 7 fr. 50
SCHULZE GAVERNITZ. — **La grande Industrie.** . . . . . . 7 fr. 50
W.-A. SHAW. — **Histoire de la Monnaie (1252-1894).** . . . . . 7 fr. 50
THOROLD ROGERS. — **Histoire du Travail et des Salaires en Angleterre depuis la fin du XIIIᵉ siècle.** . . . . 7 fr. 50
WESTERMARCK. — **Origine du Mariage dans l'espèce humaine.** 11 fr.

DICTIONNAIRE DU COMMERCE
DE L'INDUSTRIE ET DE LA BANQUE

DIRECTEURS :
MM. Yves GUYOT et Arthur RAFFALOVICH

2 volumes grand in-8. Prix, brochés. . . . . 50 fr.
— — reliés. . . . . 58 fr.

NOUVEAU DICTIONNAIRE
D'ÉCONOMIE POLITIQUE

PUBLIÉ SOUS LA DIRECTION DE
M. LÉON SAY et de M. JOSEPH CHAILLEY-BERT
Deuxième édition.

2 vol. grand in-8 raisin et un Supplément : prix, brochés. . . . . . 60 fr.
— — demi-reliure chagrin. . . . . 69 fr.

COMPLÉTÉ PAR 3 TABLES : Table des auteurs, Table méthodique et Table analytique.

PETITE BIBLIOTHÈQUE
ÉCONOMIQUE
FRANÇAISE ET ÉTRANGÈRE
PUBLIÉE SOUS LA DIRECTION DE M. J. CHAILLEY-BERT

PRIX DE CHAQUE VOLUME IN-32, ORNÉ D'UN PORTRAIT
Cartonné toile. . . . . **2 fr. 50**

XVIII VOLUMES PUBLIÉS

I. — VAUBAN. — **Dime royale**, par G. MICHEL.
II. — BENTHAM. — **Principes de Législation**, par Mlle RAFFALOVICH.
III. — HUME. — **Œuvre économique**, par Léon SAY.
IV. — J.-B. SAY. — **Économie politique**, par H. BAUDRILLART, de l'Institut.
V. — ADAM SMITH. — **Richesse des Nations**, par COURCELLE-SENEUIL, de l'Institut. 2e édit.
VI. — SULLY. — **Économies royales**, par M. J. CHAILLEY-BERT.
VII. — RICARDO. — **Rentes, Salaires et Profits**, par M. P. BEAUREGARD, de l'Institut.
VIII. — TURGOT. — **Administration et Œuvres économiques**, par M. L. ROBINEAU.
IX. — JOHN STUART MILL. — **Principes d'économie politique**, par M. L. ROQUET.
X. — MALTHUS. — **Essai sur le principe de population**, par M. G. de MOLINARI.
XI. — BASTIAT. — **Œuvres choisies**, par M. de FOVILLE, de l'Institut. 2e édit.
XII. — FOURIER. — **Œuvres choisies**, par M. Ch. GIDE.
XIII. — F. LE PLAY. — **Économie sociale**, par M. F. AUBURTIN. Nouvelle édit.
XIV. — COBDEN. — **Ligue contre les lois-céréales et Discours politiques**, par Léon SAY, de l'Académie française.
XV. — KARL MARX. — **Le Capital**, par M. VILFREDO PARETO. 4e édit.
XVI. — LAVOISIER. — **Statistique agricole et projets de réformes**, par MM. SCHELLE et Ed. GRIMAUX, de l'Institut.
XVII. — LÉON SAY. — **Liberté du Commerce, finances publiques**, par M. J. CHAILLEY-BERT.
XVIII. — QUESNAY. — **La Physiocratie**, par M. Yves GUYOT.

Chaque volume est précédé d'une introduction et d'une étude biographique, bibliographique et critique sur chaque auteur.

BIBLIOTHÈQUE
DE LA
LIGUE DU LIBRE ÉCHANGE

PRIX DE CHAQUE VOL. IN-32, cartonné toile. . . . . **2 fr.**

SCHELLE (G.). **Le bilan du protectionnisme en France.**

HISTOIRE UNIVERSELLE DU TRAVAIL

PUBLIÉE SOUS LA DIRECTION

de **G. RENARD**, professeur au Collège de France.

Sera publiée en 12 volumes

Chaque volume in-8, avec gravures. . . . . **5 fr.**

Volumes parus :

PAUL LOUIS. Le travail dans le monde romain. 1 vol. avec 41 gravures.
RENARD (G.) et DULAC (A.). L'évolution industrielle et agricole depuis cent cinquante ans. 1 vol. avec 31 gravures.

REVUE PHILOSOPHIQUE

DE LA FRANCE ET DE L'ÉTRANGER

DIRIGÉE par **Th. RIBOT**

Membre de l'Institut, Professeur honoraire au Collège de France.
38e année, 1913. — PARAIT TOUS LES MOIS.

Abonnement :

Un an, du 1er janvier : Paris, 30 fr.; Départ. et Etranger, 33 fr.
La livraison. 3 fr.

JOURNAL DES ÉCONOMISTES

72e ANNÉE, 1913.

Parait le 15 de chaque mois par fasc. grand in-8 de 180 à 192 pages.

RÉDACTEUR EN CHEF : **M. YVES GUYOT**

Ancien ministre,
Vice-président de la Société d'Economie politique.

ABONNEMENT :

France et Algérie : UN AN. . . . . **36 fr.**; SIX MOIS. . . . . . . **19 fr.**;
Union postale : UN AN. . . . . **38 fr.**; SIX MOIS. . . . . . . **20 fr.**
LE NUMÉRO. . . . . **3 fr. 50**

Les abonnements partent de Janvier, Avril, Juillet ou Octobre.

REVUE HISTORIQUE

Fondée par **G. MONOD**,

Dirigée par MM. Ch. BÉMONT, archiviste paléographe,
et **Chr. PFISTER**, professeur à la Sorbonne.

(38e année, 1913). — Paraît tous les deux mois.

Abonnement du 1er janvier, un an : Paris, 30 fr. — Départements et étranger, 33 fr. — La livraison, 6 fr.

REVUE DU MOIS

DIRECTEUR : **Émile BOREL**, professeur à la Sorbonne.
SECRÉTAIRE DE LA RÉDACTION : A. BIANCONI, agrégé de l'Université.

(8e année, 1913). — Paraît tous les mois.

ABONNEMENT DU 1er DE CHAQUE MOIS :

Un an : Paris, **20** fr. — Départements, **22** fr. — Étranger, **25** fr.
Six mois : — **10** fr. — — **11** fr. — — **12** fr. **50**.
La livraison, **2** fr. **25**.

REVUE DES ÉTUDES NAPOLÉONIENNES

Publiée sous la direction de M. **Ed. DRIAULT**.

(2e année, 1913). — Paraît tous les deux mois.

ABONNEMENT (du 1er janvier). Un an : France, **20** fr. — Étranger, **22** fr.
La livraison, **4** fr.

REVUE DES SCIENCES POLITIQUES

Suite des ANNALES DES SCIENCES POLITIQUES.

(28e année, 1913). — Paraît tous les deux mois

Rédacteur en chef : **M. ESCOFFIER**,
professeur à l'École des Sciences politiques.

ABONNEMENT : du 1er janvier, Paris **18** fr.; Départ. et Étranger, **19** fr.
La livraison : **3** fr. **50**.

BULLETIN DE LA STATISTIQUE GÉNÉRALE
DE LA FRANCE

(2e année, 1912-1913). — Paraît tous les trois mois.

ABONNEMENT (du 1er octobre). Un an : France et Étranger, **14** fr.
La livraison, **4** fr.

Abonnements sans frais à la Librairie Félix Alcan, chez tous les libraires et dans tous les bureaux de poste.

1105-12. — Coulommiers. Imp. PAUL BRODARD. —P3-13.

www.ingramcontent.com/pod-product-compliance
Lightning Source LLC
Chambersburg PA
CBHW070303290326
41930CB00040B/1896